PLAY BONGOS
HAND PERCUSSION NOW
THE BASICS & BEYOND
BY RICHIE GAJATE-GARCIA

TRADITIONAL & CONTEMPORARY BONGO STYLES

PATTERNS FOR SHAKER, HANDBELLS, MARACAS, CABASA, TRIANGLE & MORE

BASIC NOTATION & RHYTHM READING

TUNING & MAINTENANCE

PATTERNS FOR SCHOOL MUSIC ENSEMBLES

TWO CDS OF AUDIO EXAMPLES & PLAY-ALONG TRACKS

COMBINED BONGO, CONGA, PERCUSSION & DRUM SET PATTERNS

SPANISH TEXT TRANSLATIONS

Alfred

PLAY BONGOS & HAND PERCUSSION NOW
THE BASICS & BEYOND
BY
RICHIE GAJATE-GARCIA

❖

Project Coordinators:
Ray Brych and Ed Uribe

❖

Design and Layout, Image Editing, and Music Engraving:
Dancing Planet® MediaWorks™

❖

Cover Illustration:
Hector Garcia

❖

All Percussion Audio Examples Played by:
Richie Garcia

❖

All Latin Play-Along Examples Written and Performed by:
Richie Garcia and Enzo Villaparedes

❖

All Pop and Funk Play-Along Examples Written, Sequenced, and Performed by:
Richie Garcia, Kevin Chokan

❖

Audio Recording:
Richie Garcia

❖

Audio Editing, Midi Programming, Mixing, and Mastering:
Ed Uribe, Dancing Planet® MediaWorks™, Cresskill, NJ

❖

Additional Editing:
Ed Uribe

❖

Photos Courtesy of:
Mary Ezquerro-Garcia
Martin Cohen (LP product photos)

❖

Spanish Translation:
Richie Gajate-Garcia
Jose L. Santana, Sr.
Rosa Santana

Dedication and Acknowledgments

First, thank you, Lord, for your blessings over my life and that of my family.

To my beautiful wife Mary and three sons Tristan, Roland, and Devin and our new baby daughter Lisette Marie. Thank you for your constant love and support. You are my inspiration.

To my mother-in-law Magda and cousin Toño, thank you for your constant support.

To Luis Conte, "Sargento," thank you for your musical inspirations and support. Also, for all of the laughs and fun on the road. God bless you.

To Michito Sanchez, thanks for your friendship, bongo insights, and great bongo playing. God bless you.

To Hector Garcia, thanks for your great artwork on all of my covers.

To Enzo Villaparedes, thanks for your support, great trumpet playing, and help in the recording of the Latin play-along.

To Kevin Chokan, thanks for your studio time, great guitar playing, and help with the contemporary play-along.

To all of the Warner Bros. Publications staff, especially Raul Artilles, Ray Brych, David Hakim, and Mike Finkelstein. Thanks for making my dream a reality.

To Ed Uribe, thanks for editing my books. They look fantastic!

To the LP Music Group: Martin Cohen, Marcia Stevenson, Alfred Bufill, Steve Nigohosian, Kim Redl, and Terri Tlatelpa, thanks for your constant support and assistance on all of my projects.

And thanks to all of my endorsing companies: Sabian Cymbals, Impact, Auralex, Vater, DW Drums, Grip Peddler, Rhythms, Shakerman, Remo, Gibraltar, Audix, Danmar, Presonus, Drumstick Collection (Sweden), TreeWorks, and Metro Pad.

Last but not least, thank you to all of my family in Puerto Rico and throughout the U.S. I love you all.

This book is dedicated to Mr. Armando Peraza, who gave me my first lesson on bongos as well as a pair of bongos that I still have today. Thank you, Armando, for your inspiration and guidance through the years. God bless you.

Giovanni Hidalgo, Richie, and Armando Peraza performing at the NAMM show 2001

Contents

About the Author

Richie Gajate-Garcia is a Puerto Rican born in New York City but raised on the island of Puerto Rico from the age of seven. There his love for music began. He was constantly exposed to all the local music of the small conjuntos and orquestas and everyday music of all kinds, professional and amateur, that was found on the island. All of this was thanks to his father Doel R. Garcia, who at one time played in the San Francisco Bay area and later played with Xavier Cugat in the late '40s. Richie's dad was a very good friend with Tito Rodriguez, Tito Puente, Santitos Colon, and many of the great band musicians of Puerto Rico.

As the years went by, his love for percussion and drums began growing, and so he began studying with local teachers like Monchito Muñoz, Armando Peraza, and Chony Porrata. He continued on to Springfield College in Illinois under Fred Greenwald and then on to the American Conservatory of Music in Chicago where he achieved a bachelor's degree in music education. Since then, Richie has played and recorded in all styles and genres and has toured the world as a drummer or percussionist for many major acts.

Richie also taught at the Musicians Institute in Hollywood, California, for some ten years and is also one of the top clinicians worldwide, with 450 clinics to his credit for Latin Percussion and Sabian Cymbals, Vater Drum Sticks, Shaker Man, DW Drums, Audix Microphones, Gibraltar, Remo, and Shaker Man.

Richie also has two instructional videos for LP, *Adventure in Rhythm,* Volumes 1 and 2 (available at your local music store), on beginning conga, timbales, bongo, guiro, maracas, hand bell, and multiple independence.

Richie has also completed his own CD recording (available by e-mail to richiegajate@aol.com) and has two CD sampling discs distributed by Beat Boy (available at www. beatboy.com).

He has also designed percussion products with several different companies: the Gajate Bracket and the Salsero Ride for LP; the Sabian Cascara and the Sabian El Rayo; and the Multitone Mallets, the Sazón timbale stick, and the Gajate Bracket Cowbell Beater for Vater.

In addition to recording, playing, and teaching in Los Angeles, Richie has toured with Phil Collins, performing the music of *Tarzan,* recorded and performed live the title track for Disney's *The Emperor's New Groove* with Sting, and worked on the soundtracks for *The Mummy Returns, Showtime,* and other films.

Richie during a clinic demonstration at the NAMM show in Los Angeles

Introduction

This book is for the beginning to intermediate-level player but includes some advanced techniques and exercises. After traveling the world doing clinics, performing with a wide variety of groups, attending seminars, and listening and sharing musical ideas with different musicians from many cultures, I have seen how the love for hand drumming (in this case, the bongos and hand percussion) has become very popular throughout the world. People of all backgrounds are finding and feeling the joy, fun, and camaraderie that comes from playing the bongos and percussion instruments and have found that with a little technique they can play without having to become a professional.

This book will provide the beginning techniques necessary for both students and future professionals alike. How far you go is up to you.

As with any instrument, I always recommend that you check out different players and also listen to the style of music in which this instrument is predominantly used in order to get an understanding of the world in which this instrument is found.

In this book we will begin to study the bongo, including sitting and standing positions, tuning, and sounds and patterns played in a traditional and nontraditional setting. We will also look at other hand percussion instruments that are either played by the bongo player or are used with or without the bongo, like the Cuban guiro, Dominican guira, clave, hand bell, maracas, caxixi, shaker, tambourine, and triangle.

You will also find a section on reading simple notation. I feel that this is important to the understanding of the patterns being taught. Later, this will open up a whole world of new possibilities for your playing.

There are also many play-along exercises in different styles for you to practice.

A Brief History

The bongo is an instrument that is composed of two small drums commonly known in Spanish as the *macho* (small drum) and the *hembra* (large drum). This instrument has its origins in Cuba (later to be taken to Puerto Rico, the Dominican Republic, South America, and the rest of the world). It is an instrument that was first used in the small *son groups* of Cuba and *jibaro groups* of Puerto Rico that consisted of guitar, tres, cuatro, maracas or guiro and bongo and claves. Originally, the bongo drum was made from a trunk of a tree. Out of one piece of the trunk, both drums would be extracted. The first or inner layer would be the male or macho and the outer layer the female or hembra would follow. Each drum was a solid piece of wood. The heads were first tacked on and heated in order to reach the desired pitch. Later, a tension devise was adapted to tune the drums.

In the salsa bands, the bongo took the role of the quinto player of the rumba groups. This gave the ensemble the reinforcement of the groove in the rhythm section, with the addition of the call-and-response between the sonero and bongocero. To this role was also added the use of the bongo bell played by the bongocero. The use of the bell would occur during a change in the musical arrangement, which would take the intensity of the rhythms to a new and more exciting level.

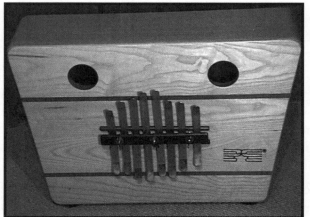

Also, there is another style of bongo playing that comes from Cuba. This style is called the Changui style. The *changui group* consists of a marimbula player (a bass kalimba, which played the role of the bass player and pictured at left), a guiro or maraca player, a tres player, and the bongo player. The bongo in this type of music is larger and deeper than the bongo we normally see today, and the tuning used is low, almost as if they were small congas. The patterns are almost all solo-like with some recognizable figures but mostly inspirational in the call-and-response action between the bongocero and vocalist.

The bongo is used today in all types of music—pop, rock, R&B, jazz, and classical, to name a few. This is due to the versatility of the sound of the instrument when tuned and played in different ways. This instrument was originally played with the hands only (mostly fingers). Throughout the years, the bongo has been also played with one hand and one stick, or for greater volume and/or soloing, with two sticks.

The Changui Style

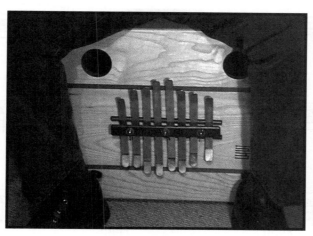

A key style of music in the development of the bongo is the *changui* from Guantanamo, Cuba. This type of music uses the bongo as the only hand drum with the addition of a guiro and maraca player. The size of the bongo is different from our usual bongo. The bongo used in the changui style is larger and deeper and is tuned by heating the heads. The pitch is lower than in today's popular bongo.

The changui group consists of a marimbula player (bass kalimba), maraca and guiro player, and for harmony a tres and a lead vocal with background vocals.

In changui music, the tres plays the most important role. The rhythms and melodies played on the tres have their origin in Africa and intertwine with the Spanish influence. Since the patterns played by the tres consist of different rhythmic segments, the clave, as in the son style of music, does not play an important role in providing a guideline.

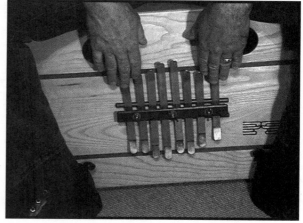

The bongo basic pattern is known as *picaó* (broken and quick). This pattern consists of many fast recurring beats, which make it sound as if the player were only improvising. When the music begins to reach a climactic point, the bongo player begins to do what is called the moose sound, which is the sliding of the finger over the larger drum to make it howl. Then the steady rhythmic bass line in changui is carried by the marimbula (bass). This bass line is what keeps the group together. To the ear, the marimbula pattern many times will seem to be carried by the bongo, but it is not.

Some of the known changui groups are Grupo Changui and Valera Miranda Family.

This style of music is more than 100 years old. On the following page is a score for a typical changui-style ensemble showing the basic parts of all the instruments.

A Changui-Style Ensemble

The Jibaro Style

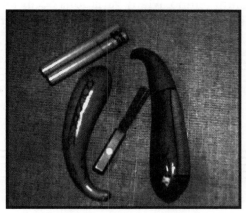

From Puerto Rico originates the jibaro style of bongo playing. The word *jibaro* means "country folk," as is the guajiro in Cuba. The jibaro style comes from the mountains in Puerto Rico, and the lyrics contain stories, satire, and politics of local occurrences. The bongo used is the traditional-looking bongo. In this style the cuatro sets the music as in the changui style. Bass lines accompany the cuatro with the addition of the bongo and guiro. The guiro used is different from the Cuban guiro. The grooves are very narrow, and a scraper is used rather than a thin stick to play the patterns.

On the following page is a score for a contemporary jibaro-style ensemble showing the basic parts of all the instruments. I say "contemporary" because the traditional jibaro ensemble uses only a guiro and a cuatro (a small four-string guitar). But the more modern ensembles have added the bongo and sometimes even the conga and bass.

A Jibaro-Style Ensemble

This is played at a medium tempo. Many variations occur and tempos vary throughout a particular song. This is an example of one section of a tune.

The Salsa Style

Kevin Ricard playing congas with Richie on bongos and hand bell

The word *salsa* means "sauce," as in hot sauce. The word was used to signify the combination of many different styles of Latin music. Within the salsa style you will find cha cha cha, mambo, bolero, guajira, son, montuno, and the like.

In these styles of music you will find the instrumentation we see today in salsa bands—conga, bongo/hand bells, timbales, guiro, maracas, bass, piano, brass, woodwinds, vocals, and

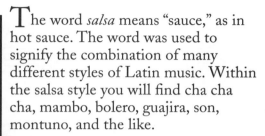

dancers—and, in many bands, the addition of the drum set and synthesizers, cuatro, guitar, and other instruments.

The bongo player in these ensembles will normally play the bongo and hand bell and, on certain songs, guiro or other hand percussion. The bongocero generally plays the martillo pattern with many variations. As the piece progresses, the bongocero will bring in the hand or bongo bell as dictated by the musical arrangement.

Richie playing with Tito Puente and Orquesta Chevere

Rudy Regalado and Tito Puente

The Salsa Ensemble

Tuning and Heads

Before you begin to tune your bongo, look at the two types of heads that are used: calfskin (Figure 1) and plastic/synthetic (Figure 2). First, we have the traditional calfskin head. This head takes a little time to reach its pitch since it must have some time to stretch. So, I suggest that you tune the macho drum in stages. This way you can avoid having the head split due to too much torque applied too quickly. Once this head has been in position for a while, it will set and future tuning will become easier.

Figure 1

Figure 2

The other head that is commonly used is a plastic head. This head tunes up quickly, stays in tune, and is not affected by the weather. Tuning in this case does not have to be done in stages.

Whenever I talk about tuning, I always mention the fact that this is a personal preference. Depending on the style of the music, the tuning will be determined by the player. For our purposes, we will tune the bongo as if we were to play in a salsa band. In this case the pitch will be pretty high. This is due to the call-and-response that happens between the sonero (singer) and the bongocero.

The different pitches that are used by the other instruments (conga, timbales, etc.) create that rhythm section sound that is very recognizable in the salsa band.

Let's Tune

Set the bongo on your lap upside down and using your tuning wrench. Begin with the macho drum (small). Begin turning the nut in an even manner. Always turn each nut the same amount of times in order to maintain the head evenly distributed around the drum. If not done properly, the head and drum will begin to lose their shape. Do not be afraid to tune the drum. It is designed to withstand a lot of pressure. The only thing that can happen would be that the head splits or the tension rod strips.

Figure 3

Figure 4

If you are using an animal skin head, you will most likely have to check the tuning again after a while since this type of head continues to stretch, especially if the weather is humid. If you are using a plastic head, the stretching will be minimal.

After tuning your bongos many times, you will begin to hear the pitches and will be able to recognize the sound you like to use.

After you are done practicing, I recommend you loosen the macho (small) drum, especially if you are transporting your bongos to another location. If you leave the bongos in a car during warm or hot weather, where the temperature in the vehicle generally rises, this temperature change can make the head split, which would be an unwelcome surprise, especially if you are about to do a gig.

If you are leaving the bongos in your home, then there is no need to loosen the head since the temperature will probably remain constant. In general, I recommend loosening the head since it releases the torque on the tension rods, thus giving the bongo parts a longer life.

Wally Reyes, Jr., and Richie performing during a clinic presentation at the KOSA Drum and Percussion Camp

Playing Positions

Sitting Position

Let's look at how we would sit to play and how the bongo is positioned. Remember this position is for a right-handed player. If you are left-handed, reverse the position.

It is very possible that one or both drums will feel uncomfortable and you will probably feel one or more of the tension rods digging into your calf. If this is so, take the bongo and loosen the drum enough to be able to rotate the head and lower supporting metal piece without totally taking all of the components apart. Now rotate the drum until you are able to place the tension rod in a position that when placed back between the legs causes the tension rod to fall right in the bend of your leg. Now do the same with the other drum.

After doing this, place the bongo back in the playing position. If it all feels fine, move on to the next section. If not, repeat the process. It is important that this matter be resolved right away since you will be holding the bongo with your legs for a good length of time, and if not done correctly, it can become painful, tiring, and distracting.

Standing Position

It is very common today to see bongos being played while standing up. This is due to the large amount of players using multi-percussion instrument set-ups. Stands have been designed for this purpose. As far as the tuning and technique, it all remains the same. You will, however, feel a little different because you're standing up instead of sitting. Standing up will not take anything away from your playing. It could bring out some new ideas and patterns.

Hand and Finger Positions

Now that you know how to place the bongos in the correct sitting position, focus on how you would place your hands.

Figure 1

Put your left hand toward the upper left corner with the thumb placed in a closed position (Figure 1). The left hand's function will be to move in a rocking manner similar to the rocking (heel-tip) motion done on the conga drum. The difference here is that the pressure is put on the thumb area of the hand and not on the whole hand since it will take up a lot of room on the drum, thus not leaving space for the right hand. In time this will become more comfortable (Figure 2).

Figure 2

Once you have placed your left hand on the macho drum, place the tip of your right index finger toward the edge of the drum (Figure 3). This will be the standard position for playing the bongo. From here everything else will follow. Now

Figure 3

Figure 4

Figure 5

in the same position use two (Figure 4) and three (Figure 5) fingers. This position will later be used depending on how hard or what sound you would like to play.

Let's look at the placement of the right hand on the hembra drum. When you play the hembra drum, you strike the drum with your whole hand (Figure 6), or you use your whole index finger (Figure 7). Remember that you will be using the tips of your fingers and your entire hand, and alternating between all of these positions will be very common.

Figure 6

Figure 7

Basic Notation

Note: The audio examples in this section are the same as those in *Play Congas Now*, Richie's conga basics book. The examples were recorded playing the conga drums. You should practice the examples on the two bongo drums as well as on all (any?) of the other percussion instruments.

In this section you will begin to learn the notes and their values. You will be studying only the note values used in the exercises in this book. I suggest that you find an easy snare drum book to practice from in order to expand your reading further. Reading rhythm is like learning simple math: once you know what the values are, you are able to perform the function.

Before you look at the notes, observe a few things. The group of five horizontal lines where the notes are placed is called a staff (Ex. 1). In the staff are boxes, which are called measures or bars (Ex. 2). The more notes you have in a particular time signature, the more bars will be added to accommodate the patterns being played.

On this page there are three staffs containing two bars each, which are divided by the bar line. Every staff begins with several notations. First, the clef sign tells you for which instruments the music is written, like the piano, bass, drums, sax, or voice, and so on. The piano has a double staff that contains the treble and bass clef signs (Exs. 2 and 3) to indicate the high and low section of the keyboard to be played. Percussion and many other instruments use only one staff with the appropriate markings. Percussion may use the percussion clef sign (Ex. 4). It is also very common to see the bass clef used for percussion as well as many other instruments. The choice of clef is dictated by whether the percussion is pitched or not.

Other indications are the time signature (Ex. 5); key signature (not included here), in which a melodic instrument is to be played; and dynamic markings (soft, medium, loud) that would be required for a particular piece.

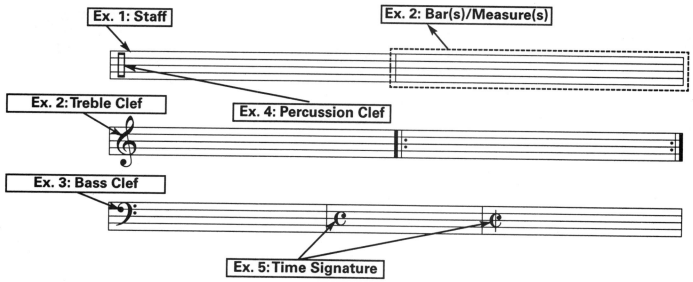

Ex. 1: Staff
Ex. 2: Bar(s)/Measure(s)
Ex. 2: Treble Clef
Ex. 4: Percussion Clef
Ex. 3: Bass Clef
Ex. 5: Time Signature

The time signatures 4/4, 5/8, or 7/8 indicate two things: 1) the top number indicates how many beats in one bar, and 2) the bottom number indicates which type of note will get one of the counts. In 4/4 the top number indicates four beats in each bar, and the bottom number indicates that the quarter notes get one count each, 1 2 3 4. In 5/8 the top number indicates five beats in each measure. The bottom number indicates that the eighth note gets one count, 1 2 3 4 5. In 7/8 the top number indicates seven beats in each bar. The bottom number indicates that the eighth note gets one count, 1 2 3 4 5 6 7.

In Latin music it is very common to see music written in 4/4 (often abbreviated with the **C** symbol, Ex. 6) but played in what is known as cut time (often abbreviated with the **¢** symbol, Ex. 7). Cut time indicates that the counting will be twice as fast and that the pulse of the music is "in two" rather than "in four."

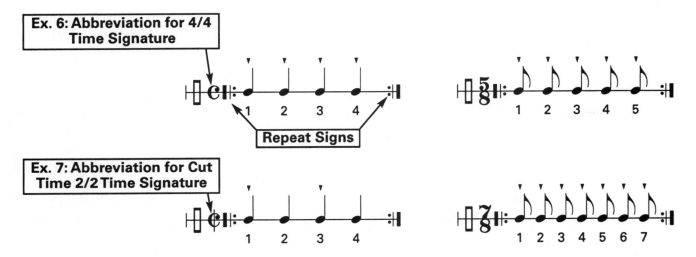

Ex. 6: Abbreviation for 4/4 Time Signature

Repeat Signs

1 2 3 4

1 2 3 4 5

Ex. 7: Abbreviation for Cut Time 2/2 Time Signature

1 2 3 4

1 2 3 4 5 6 7

There are also two double bar lines with two dots (called repeat signs), which indicate that the material contained within them is to be repeated—either once or a specified number of times if indicated (Ex. 6).

Please note that the following mark, ▽, above a note indicates where you count (and often feel) the beat. For instance, Ex. 6 is in common, or 4/4, time, which means the quarter note marks one beat; hence there are four markings above the four quarter notes.

Note and Rest Values

Following are the groups of notes and rests that you'll be working with in the following exercises and that you'll encounter most often in reading parts and rhythms for the conga drums.

1. Quarter notes and rests

2. Eighth notes and rests

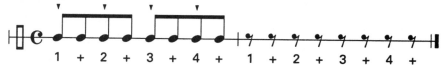

3. Sixteenth notes and rests

4. Eighth and two sixteenths

5. Two sixteenths and one eighth

6. Dotted eighth and one sixteenth

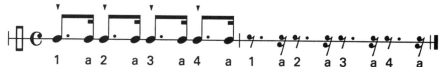

7. Eighth-note triplet

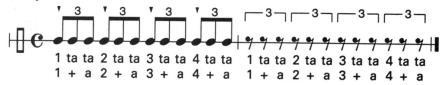

Basic Reading Exercises

Following are some basic reading exercises. Practice each exercise slowly at first and gradually increase the tempo as you gain more facility. Use a metronome with a tempo of ♩ = 60 to start.

Note: Do all exercises with the **open tone and alternating the strokes R-L-R-L.** (Once you have this under control, you can do the same exercises using the other tones and stroke types.)

1. Quarter notes and rests

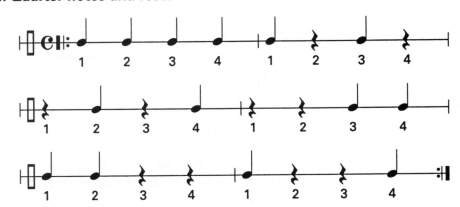

2. Eighth notes and rests

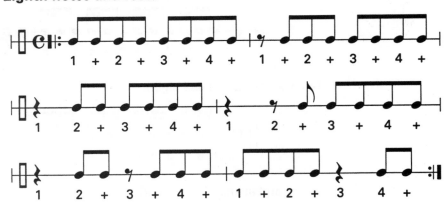

3. Quarter- and eighth-note rests and eighth notes
Note: one quarter rest = two eighth-note rests

4. Sixteenth notes and rests
Note: one quarter rest = four sixteenth-note rests

5. One eighth note and two sixteenths combination

6. Two sixteenths and one eighth note combination

7. Dotted eighth note and one sixteenth combination

8. Triplets

9. Combining quarter, eighth, and sixteenth notes and rests

10. Combining quarter, eighth, and sixteenth notes with the one eighth–two sixteenth combination

11. Adding the two sixteenth–one eighth combination

12. Adding the dotted eighth–one sixteenth combination

13. Adding triplets and triplet rests

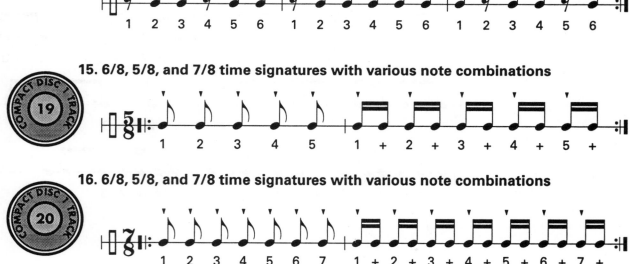

14. 6/8, 5/8, and 7/8 time signatures with various note combinations

15. 6/8, 5/8, and 7/8 time signatures with various note combinations

16. 6/8, 5/8, and 7/8 time signatures with various note combinations

Let's Play Bongos Now!

Notation Key

Following is the key that will be used throughout the book when indicating the sounds and hand positions on the bongo. Sometimes you will find numbers indicating a specific finger. This is to achieve a specific sound in a particular pattern.

The technique is written for a right-handed person. If you are left-handed, reverse the technique:

> **I** = index finger—r or l
>
> **M** = martillo sound—r with an > (accent mark) over the note. **(Note: Play with the right index finger. This sound has an accent mark over the note indicating this note is to be played harder [louder and with more emphasis] than the others.)**
>
> **T** = thumb—l
>
> **F** = all fingers—r or l
>
> **O** = open tone—r or l
>
> **S** = slap—r or l

The notation key for all other hand percussion instruments will appear before the introduction of each instrument.

Photo by Latin Percussion/Martin Cohen

Another master of the instrument and an inspiration: Jose Mangual Sr.

Sound Development

In this section, we will begin to work on developing your sound. Remember not to overstress the action; volume will increase gradually as you develop your hands.

The Martillo Sound

The word *martillo* means "hammer" in Spanish. If you close your eyes and play this sound properly, it should sound like a nail being hammered in, hence the name martillo. So, when you are playing the martillo pattern, you are hammering in the groove.

Okay, put your hands in the playing position as you did in the hands position section. This will be your starting position throughout this book.

Repeat these exercises many times. Remember that you are looking for a specific sound, not speed.

The Martillo and Thumb-Fingers Sounds

Play the martillo sound first with one finger, then two, and then three.

Begin with your thumb as a pickup into the exercise as indicated.

Following is the basic martillo pattern. There will be more details regarding this pattern later in the book.

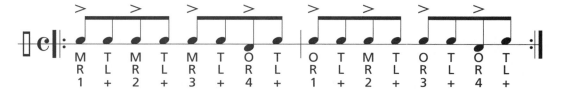

The Open Tone

In these exercises we will be using both right and left alternating patterns. This time when you strike the drum, raise your hand from the drum order to hear the open sound of the drum.

Do these exercises on both the macho and hembra—the large (low) and small (high) drum.

Macho   **Hembra**

After you have played all of these exercises, do them again. This time, mix up the rhythms; for example, play Exercise 1, then 3, then 5, and then 2. This will be like a little open-tone solo. Continue mixing them until you've played them all and feel comfortable with each exercise.

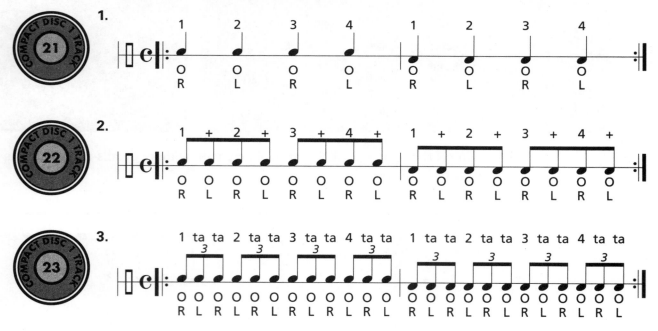

1.

2.

3.

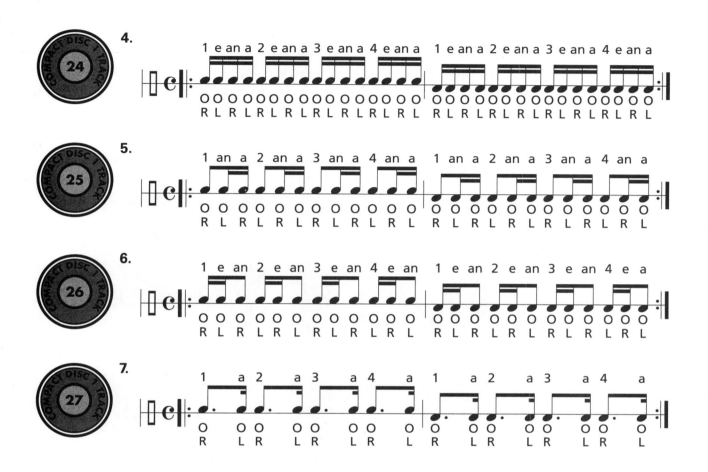

*Richie, Sting, and Luis Conte at the "Tonight" show
to perform one of the songs from* The Emperor's New Groove

The Slap

Now let's look at the slap. In order to locate where to slap, put your left hand toward the closest edge of the drum and then place your right hand over your left hand. Remove your left hand (Figures 1, 2, 3). This should give you the approximate location where you will be executing your slaps. For the left-hand slap, reverse the process (Figures 4, 5, 6). Since the tuning of the macho drum is very high, you will not have to leave your left hand on the drum to assist you in muffling the head as you would do on the conga.

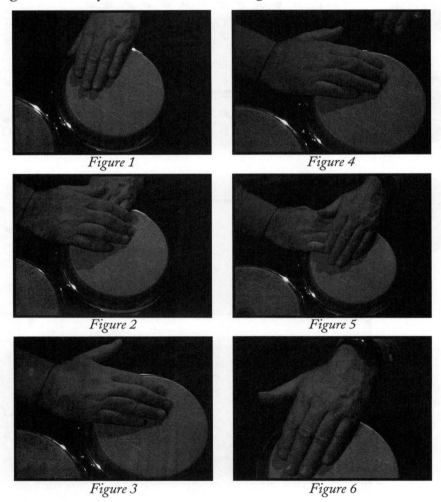

Figure 1   *Figure 4*

Figure 2   *Figure 5*

Figure 3   *Figure 6*

Let's look at some slap exercises.

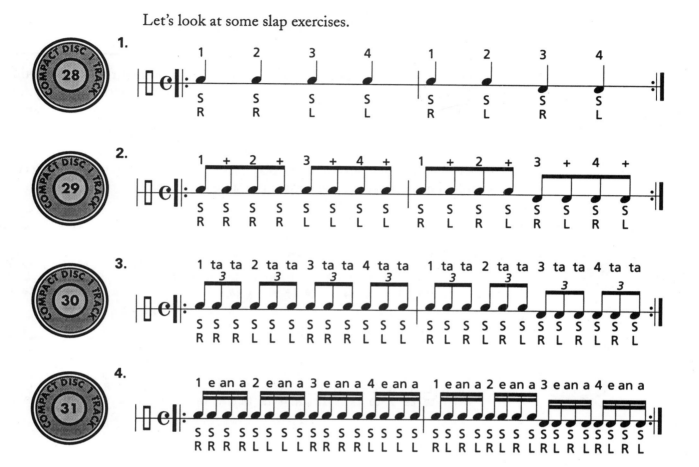

Combining the Martillo, Open Tones, and Fingers/Thumb Sound

In this section we will combine the thumb-fingers movement and the martillo sound. Play each exercise slowly until each movement is smooth and every sound, especially the martillo sound, can be heard clearly. The purpose of these exercises is to help you develop use of this motion and sound in any type of rhythmic sequence. Speed up the exercises as you get comfortable with them.

As we did in the previous exercises, play these exercises slowly until the execution is even; then accelerate as you get comfortable with them.

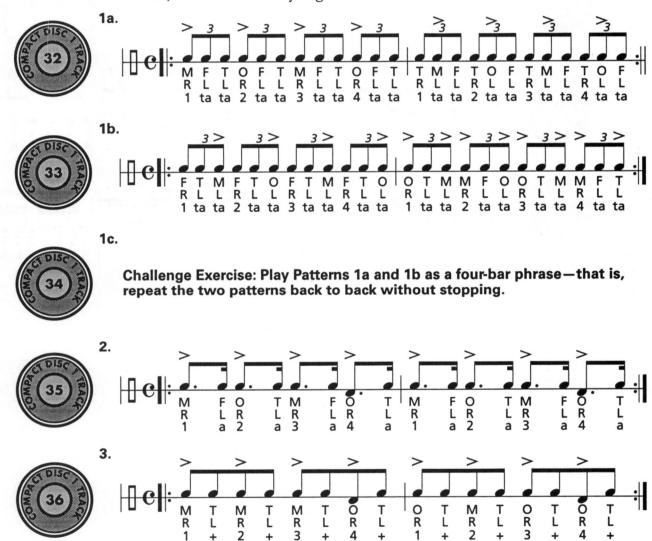

1c.

Challenge Exercise: Play Patterns 1a and 1b as a four-bar phrase—that is, repeat the two patterns back to back without stopping.

Combining the Martillo, Open Tones, and Fingers/Thumb Sound (cont.)

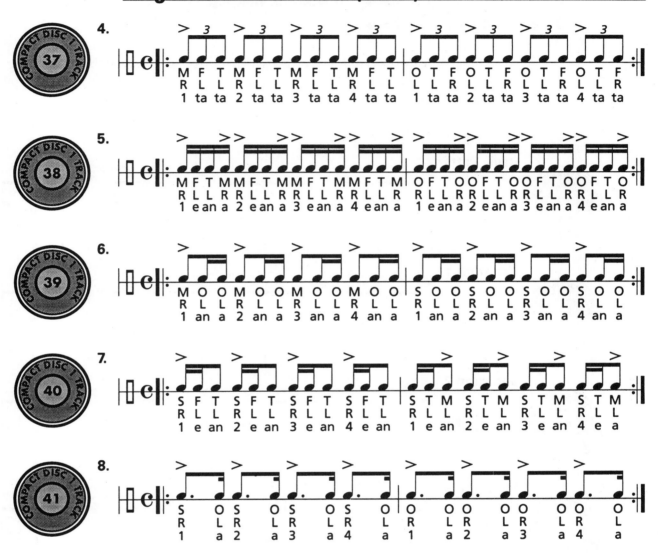

The Martillo Pattern

El martillo, or the hammer, is the basic pattern that is used in bongo playing.
From here all variations are created that are used in salsa-style music. In typical
Latin music, this pattern is clave-based. In pop, rock, and other styles, the
patterns are created to fit the particular music and style being played. In this case
the martillo does not have to be the foundation of your patterns.

Basic Pattern

COMPACT DISC 1 TRACK 42

M	F	m	T	M	F	O	T	M	F	m	T	M	F	O	T
R	L	R	L	R	L	R	L	R	L	R	L	R	L	R	L
1	+	2	+	3	+	4	+	1	+	2	+	3	+	4	+

Variation 1

COMPACT DISC 1 TRACK 43

M	F	m	T	M	O	O	T	M	F	m	T	M	O	O	T
R	L	R	L	R	L	R	L	R	L	R	L	R	L	R	L
1	+	2	+	3	+	4	+	1	+	2	+	3	+	4	+

Variation 2

COMPACT DISC 1 TRACK 44

M	F	m	T	M	O	O	T	M	F	m	T	M	O	O	O
R	L	R	L	R	L	R	L	R	L	R	L	R	L	R	L
1	+	2	+	3	+	4	+	1	+	2	+	3	+	4	+

Variation 3

COMPACT DISC 1 TRACK 45

M	F	m	O	O	O	O	T	M	F	m	O	O	O	O	T
R	L	R	L	R	L	R	L	R	L	R	L	R	L	R	L
1	+	2	+	3	+	4	+	1	+	2	+	3	+	4	+

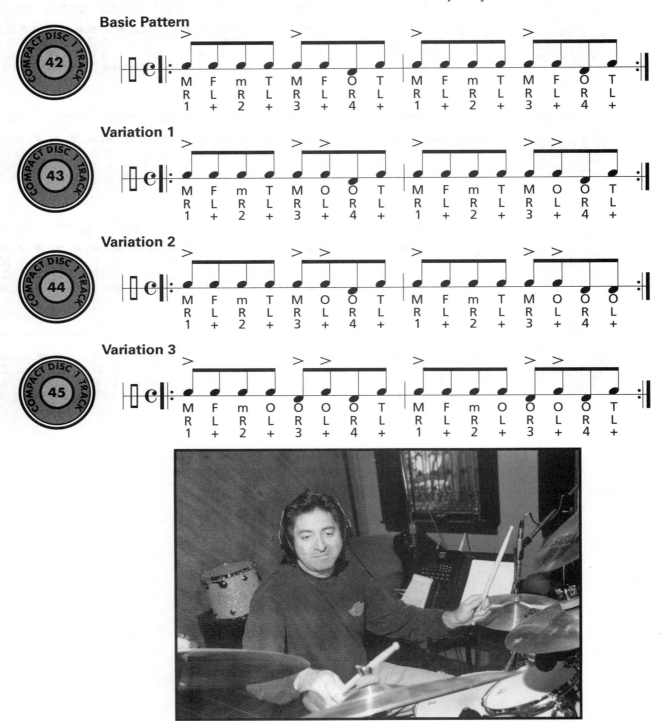

Richie in the studio

Pop, R&B, Funk, Rock, Jazz, and High School Band Patterns

The following patterns can be used for all musical situations. Once you have learned these basic patterns, find a variety of recordings of popular music in which you can apply these combinations.

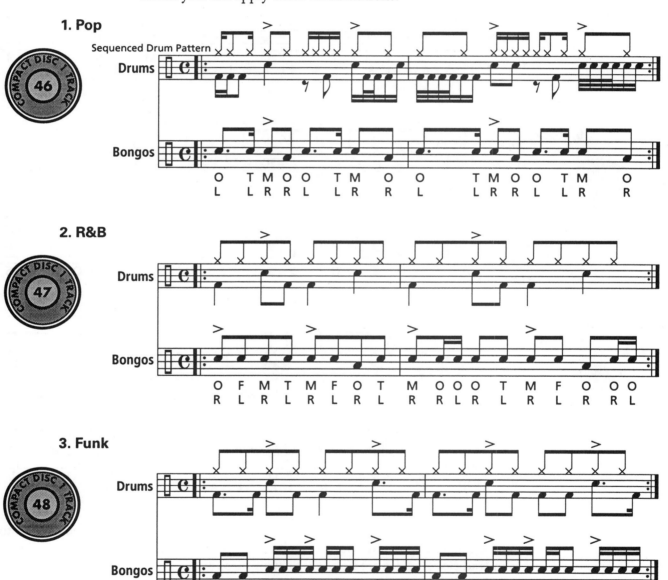

The following patterns can also be used in a high school band situation. Any of the patterns taught in this book on any of the percussion instruments can also be used in this setting. It depends on the style of music being played.

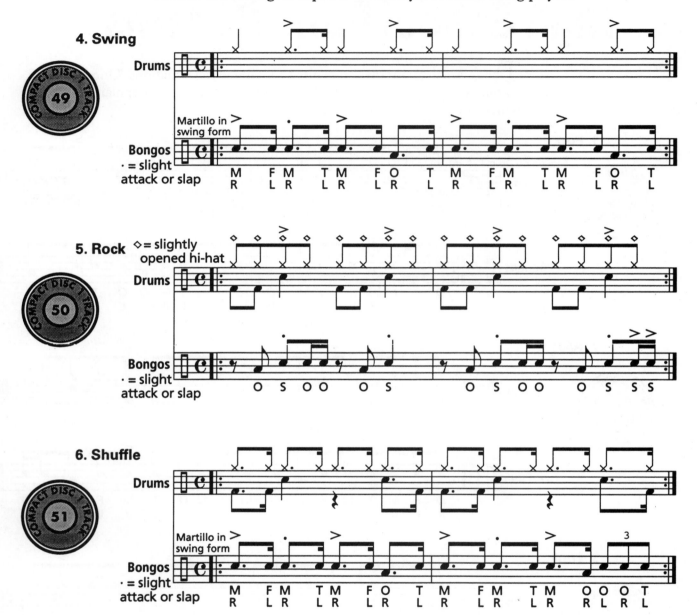

Remember that these patterns are only some of the many that can be created to fit a given musical situation. The clave patterns and the traditional patterns used in traditional styles are not necessary in these styles.

The Hand Bell
The Bongocero's Partner

All bongo players who play salsa music learn to play this important instrument. The hand bell patterns are very important to the overall grooves that are played in the salsa style. The patterns become the driving force in the chorus (coro), mambo, and soloing sections of a particular song. The rhythm section (or for that matter the whole band) becomes very aware of the pulse that the hand bell dictates. Most players lock into the hand bell patterns in order to keep their place and time.

The hand bell is a large bell that comes in various pitches and is not mountable. Some bells are high-pitched and others low-pitched. No specific pitch is required or standard since each bell has a sound of its own and it becomes the preferred sound of the player.

Various Bells

Let's look at how the bell is held. You will notice that the thumb is lying off of the top side of the lower portion of the bell (Figure 1). Take care not to smash your thumb with the beater. After a while, you will find the best spot, and playing the bell will become routine.

Figure 1

When you begin to play the hand bell patterns, you will notice that some of the sounds are opened and others are muffled. This is achieved by pressing your hand against the metal on the bottom side of the bell while striking the top of the bell (Figure 2). (The strokes to the top are on different parts of the bell, discussed shortly.) This technique will help the patterns have the groove and motion that is felt when playing the hand bell.

The hand bell is fun to play. It produces a very powerful sound, which is definitely heard in all salsa-style music. In pop or contemporary music, the hand bell becomes a sound source rather than a crucial part of a specified song. The patterns are created to fit a particular piece of music.

Figure 2

Let's look at the traditional sounds played on the bell.

The Open Tone: notated with an O. This is the open sound played on the mouth of the bell (Figure 1).

The Neck Tones: (Figure 2) Played on the neck of the bell.

The Muffled Neck Tone: Notated with an M. This is done by pressing your hand against the metal on the opposite side of the bell. (Figure 3)

The Open Neck Tone: Notated with an M. This sound is played by releasing your hand from the metal on the opposite side of the bell.

Figure 1   *Figure 2*   *Figure 3*

Handbell Patterns and Exercises

1. O=open tone on mouth of bell

O   O   O   O   O   O   O   O

2. N=open tone on neck of bell

N   N   N   N   N   N   N   O

3. M=muffled tone on neck of bell

M   M   M   M   M   M   M   M

Combining the Open, Neck, and Muffle Tones

These exercises will help you develop the various sounds played on the hand bell.

1.

O N O M O N O M

2.

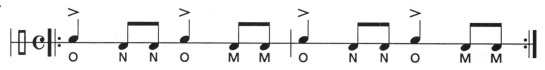

O N N O M M O N N O M M

Traditional Hand Bell Patterns

These patterns are very common and should be memorized with the appropriate clave. To reverse the clave, start the pattern on the second bar.

1. (2-3 clave) Traditional riding pattern played on most salsa tunes

O M O N N O N N O N N

2. (2-3 clave) "A caballo" pattern. (Horse gallop pattern.)

N N N N O O N N

3. (3-2 clave) Cascara pattern; sometimes played during a timbale or other instrument solo.

O O O O O O O O O

4. (3-2 clave) Broken-up cascara pattern; sometimes played for solos.

O M O N N O M O N O

5. (2-3 clave) Rumba clave pattern for conga de comparsa.

O O N O O O N N

*NOTE: Tracks 62–66 are Examples 1–5 above played in cut ¢ (2/2) time.

Pop, Rock, and Funk Patterns

These patterns are all original and do not have specific names. They can work with just about any style of contemporary music. Try them out with any pop CDs you may have. Listen to the drummer's groove and try them all to see which one works best in a particular song.

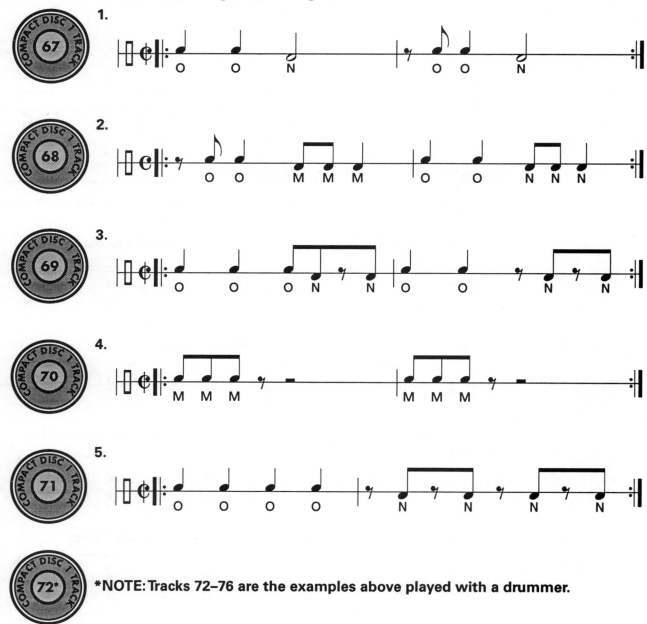

*NOTE: Tracks 72–76 are the examples above played with a drummer.

The Maracas

The maracas are hand-shaken instruments that are widely used throughout the world. They come in all sizes and shapes and are used in all types of scenarios from classical to religious, pop, rock, Latin, African, and many other styles of music.

The maracas originally were made from coconut shells and gourds, small plastic containers, leather, and anything else that would hold beads or small pebbles, beans, rice, etc. This variation in materials gives the maracas a very wide variety of sounds and range.

Many countries have adapted a certain sounding and looking maraca that works best in their particular style of music. For example, Venezuela and Colombia have their *maraca llanera,* or folkloric music-style maracas. Cuba and Puerto Rico have their salsa maracas. Besides these, they also have the maracas that are used in the vocal guitar trios and quartets.

You will find that the maracas have some basic areas in which they are used. The sound will vary from instrument to instrument.

The maracas provide movement in a particular piece of music. The techniques vary from style to style and country to country. This instrument can become very specialized and artistic in its execution.

In this book we will cover the basic techniques and common patterns used in today's salsa and pop-oriented styles of maraca playing.

Holding the Maracas

First, take the maracas by the handles and feel the weight of the beads by moving your wrists up and down. You will notice that there will be a high and low pitch. If you are right-handed, place the higher pitch in your right hand and the lower in your left hand. This is done to place the higher-pitch sound in the leading hand. The right hand will be playing the downbeats, and the left hand will be playing the upbeats.

When moving your wrists up and down, you should try to feel the beads striking against the bowl of the maraca in order to create a tapping or staccato (sharp) sound. By achieving this you will be able to have a clear, defined sound of the particular pattern being played.

Now, go to the written patterns and play Exercise 1. You will notice that you are playing r-l-r-l and so on. Play the pattern and try to hear each maraca's individual sound.

You will notice that there isn't much of a groove happening yet. This will come from the way you move your hands and wrist.

Take your left hand and leave it in the center of your body at about belly-button height. Place your right hand over the left hand toward the left of your left

maraca (see photo). As you do this motion, move your wrist and make the maraca sound and follow it with your hand moving the wrist and making a sound. Once again move your right hand to the right of the left maraca that is stationary in the center and make a sound and follow it with your left. Repeat this over and over, and in time you will notice that a groove will begin to happen.

This is only a beginning point. The more comfortable you get, the easier the patterns will flow.

To do the rolls with one hand, you will have to move your wrist quickly within this movement and pattern.

Playing the Maracas

This audio track includes Examples 1–5

1. **Salsa-like, fast. Make sure you hear the accents clearly. Speed up the tempo, but keep your sound consistent.**

2. **Guaracha style, medium. To play the left-hand roll, shake your left hand quickly and finish the roll with the right-hand accent.**

3. **Bolero style, slow. The dots over the sixteenth notes are played with a quick movement in time.**

4. **Son montuno style, slow. The dots over the sixteenth notes are played with a quick movement in time.**

5. **6/8 style, medium to fast.**

*NOTE: Track 78 is Examples 1–4 above played with a bongo accompaniment and Example 5 accompanied with a cajón.

Richie and Mary Garcia with the late master Tito Puente

The Guiro
(Guira, Guicharo, Guayo, Rayo)

These are all names that have been given to the different types of guiros throughout the years. I'm sure there are probably more names. Instruments in Latin countries are many times given names because of their shape, sound, and makeup. In this chapter, we will be discussing the common guiros that are used in various cultures. All of these guiros have the carved ridges or grooves in common.

The Afro-Cuban guiro traditionally is made from a gourd and is a fragile instrument. This guiro is used in Cuban traditional music such as danzón, cha-cha-cha, guajira, charanga, and others. The ridges are fairly wide and a little far apart. This type of guiro is played with a small thin stick. Today, we find some of the guiros made of plastic with a plastic stick as the scraper.

Another type of guiro also made from a gourd is one used commonly in Puerto Rico. This guiro is smaller in size than the Cuban guiro. The ridges are very narrow and very close to each other. Also, a wire scrapper is used to make the sound rather than a stick. This guiro is used in Puerto Rican traditional music such as plena, danza, bomba, jibaro (country) music, and others.

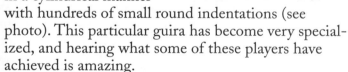

The Dominican Republic also has a guira. This instrument is made out of metal, and rather than ridges the metal is shaped in a cylindrical manner with hundreds of small round indentations (see photo). This particular guira has become very specialized, and hearing what some of these players have achieved is amazing.

This type of guira also uses a wire scraper similar to the Puerto Rican scraper and is used primarily for the rhythm of merengue.

As I always say in my clinics and books, once you have learned the basic patterns played on these instruments, make up your own and try these instruments in different styles of music— pop, rock, funk, and so on.

Holding the Guiro

The guiros just discussed are held in different ways depending on which one you are playing. For example, the Cuban guiro has two holes and sometimes three on the opposite side of the ridges. Take your thumb and middle finger and place them in the holes. If you have three holes in the guiro, place your index finger in the center hole. Some players like to hold the entire guiro in their hand. Remember that I am showing how the instrument would be held by a right-handed player. If you are left-handed, just reverse the position. The scraping stick is held in your opposite hand with your index finger around the stick as you would do when you are holding a regular drum or timbale stick.

The **Puerto Rican guiro** has two holes like the Cuban guiro. The difference in this case is the location of the holes (see photo). For this type of guiro, place your index finger in the one hole and place your middle finger in the other hole.

As with the **Cuban guiro**, sometimes players prefer to hold the entire guiro in their hand. Another way of holding this particular guiro is by placing your thumb in one hole and laying the rest of the guiro in your palm. Classical and folklore players many times will play the guiro in this manner.

The scraper is held partly in the palm of your hand. Take the wood portion of the scraper with your fingers around the edge of the wood, leaving the wires of the scrapper exposed.

The **Dominican guira** has a handle attached to the back of the instrument. Here all you have to do is

grab the handle firmly (see photo). The scraper is also held like the Puerto Rican scraper. Players always have their own ways of playing and holding their instruments. This is because most of these players have learned on their own and have not been formally instructed on the instrument.

One thing to remember, though, is that the patterns are played with combinations of downstrokes and upstrokes.

Let's Play the Guiro

The patterns you will be learning on the guiro are appropriate for all the types of guiros discussed here. Some of the patterns have been created to be played on a specific guiro, in this case the Dominican guira. This is due to the nature of the music and fast tempos in which this instrument is used. In general, though, the standard patterns work on all instruments. What becomes important here is the sound that the player is looking to add to his music.

Guiro Patterns

All of these patterns are widely used and should become second nature and a part of your percussion vocabulary.

This audio track includes Examples 1–5

Where applicable these examples are first played in 4/4 time and then played in "cut" ¢ 2/2 time.

1. Cha-cha-cha or guajira, medium tempo

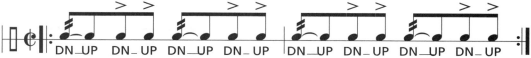

2. Charanga, fast or salsa or cumbia

3. Danzón, slow

4. Catá pattern for rumba (yambú, guaguancó, and the like), medium to fast

*NOTE: Track 80 is Examples 1–5 above played with a conga accompaniment.

5. Bomba, fast to very fast tempo

The Guira

All of these patterns are widely used in the merengue style. First learn one well and then begin adding the other patterns as variations. As you get more comfortable, make up your own combinations.

This audio track includes Examples 1–4

1.

2.

3.

4.

The Clave

The claves are two pieces of wood that when struck produce a sharp high-pitched sound. The length of the wood varies from 6 inches to 10 inches. Sometimes they are smaller or larger. Afro-Cuban music—or for that matter most Caribbean music—is based on the clave pattern.

On the claves, a specific pattern is played, which becomes the guideline for the members of the band—in particular the rhythm section and the conga, timbale, bongo, piano, and bass players. The pattern played on the clave will indicate the form or direction of a particular piece, making all instruments come together like pieces in a puzzle.

In other types of music—classical, pop, rock, and so on—the claves become a sound that is played in any rhythmic form. In this section we will look at patterns played both ways.

Holding the Claves

When holding the claves, close your left hand as shown in the photo. Place your fingers along the side of the clave, cupping your hand and leaving some space in order to create a sound chamber. With the other clave, strike the left-hand clave in the center. Rotate the left-hand clave until the desired high pitch is found.

Traditional and Non-Traditional Clave Patterns

This audio track
includes Examples
1–8

1. 3-2 son clave

2. 2-3 son clave

3. 3-2 rumba clave

4. 2-3 rumba clave

5. 6/8 clave

6. For use in rumba styles

7. Original pattern for use in contemporary music

8. Another original patterns for use in contemporary music

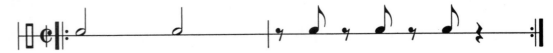

Other Latin-American Handheld Percussion Instruments

The percussion world is a vast array of instruments and sounds. This accounts for the large amount of percussion gear that all percussionists acquire. One of each sound is not enough. Percussionists are expected to produce a wide variety of sounds, colors, and rhythms.

Richie performing at the Sabian booth at NAMM 2002

When performing, and especially when recording, the percussionist must be able to hear which sound works best in a given tune and produce the instrument and the performance that renders the necessary sound and rhythm or color.

With experience a percussionist learns that an instrument that may work well in one setting, for instance in live performance, may not work well in a recording session. Similarly, an instrument that works well in one song may not work in another, even though the songs may be similar in style. Therefore, the more varied your instrument arsenal and your rhythmic repertoire, the better.

As with any instrument, all handheld percussion instruments have a specific technique that has to be developed in order to get the right sound out of the instrument.

The Cabasa

The cabasa is made from a plant gourd and is covered with a beaded net. The gourd is shaped almost like a balloon with a handle. When the gourd is rotated up and down, a swishing sound is produced.

This instrument comes in many different sizes and also has been modernized in its construction. The cabasa comes from Africa but is widely used throughout the world, especially in Brazil. In this country, the cabasa has taken many shapes and sizes and is used in all kinds of music.

Holding the Cabasa

To hold the cabasa, place the head or large portion of the gourd in your left hand with the beads resting in your palm. Grab the handle portion and turn it as if you were opening a door. Do this motion back and forth. The beads should be held firm, allowing the gourd to turn inside the net.

Traditional and Non-Traditional Cabasa Patterns

The patterns that follow work in many different scenarios. Practice them and then try them with some pre-recorded music. Remember that percussion is like the icing on the cake and its purpose is to add some new colors and feel to the music.

This audio track includes Examples 1–4

1.

2.

3.

4.

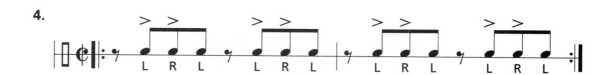

Modern-Day Cabasas

Pictured below are versions of modern-day cabasas. Practice all of the exercises above with these instruments as well.

The Triangle

The triangle is a metal rod that has been bent in the shape of a triangle. This instrument comes in many different sizes and is made of different types of metals. It also is used in many different styles of music—classical, pop, Brazilian, and others. The triangle, when struck with a small metal rod, produces a bell-like sound that can easily be distinguished in all kinds of music.

Holding the Triangle

The triangle is either suspended by a string and possibly a clip or is held by the hand as pictured below.

When you play it by hand, grab one of the sides and use your index finger as your balancing point. By opening and closing your hand, you will be able to control the sounds of the triangle in order to create or play your patterns.

Traditional and Non-Traditional Triangle Patterns

These patterns are very common and can be used in many styles of music. After mastering these, make up some of your own.

D = damp the triangle (meaning mute the sound)
O = unmute the triangle (meaning let the sound ring)

These examples are first played slowly in 4/4 time and then played more quickly in cut ¢ 2/2 time

1.

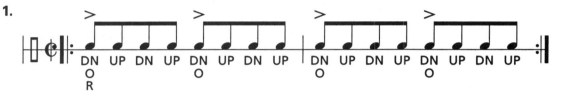

2.

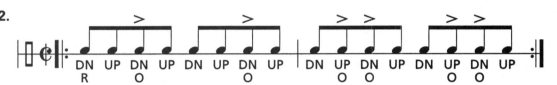

3.

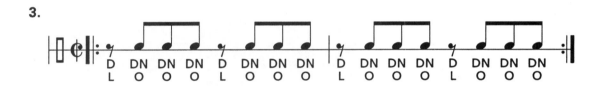

4.

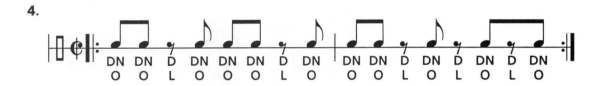

The Shaker

The shaker is a tube-like instrument filled with different elements—rice, beans, tiny pellets, seeds, and just about anything that will produce a different sound. Some of the sounds are very soft, some medium, and some hard or loud.

The shaker comes in all types of shapes and size and is one of the most commonly used percussion instruments. The shaker is widely used in Brazilian music.

Holding the Shaker

Place the shaker in either hand in a horizontal position (see photo). Begin by moving your wrist back and forth. You should begin to hear the beads inside moving. After you have been moving your wrist, combine the movement with some movement from your arm in order to control the pattern and accuracy better. This will get better as you practice. Each note of the movement should be heard clearly. Accents added to the pattern will produce a moving sensation.

Traditional and Non-Traditional Shaker Patterns

These patterns will all be played in eighth notes. What makes each pattern different from the other is the placement of the accents.

These examples are first played slowly in 4/4 time and then played more quickly in cut ¢ 2/2 time

1.

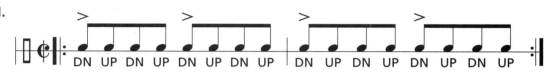

DN UP DN UP DN UP DN UP | DN UP DN UP DN UP DN UP

2.

DN UP DN UP DN UP DN UP | DN UP DN UP DN UP DN UP

3.

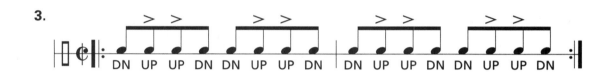

DN UP UP DN DN UP UP DN | DN UP UP DN DN UP UP DN

4.

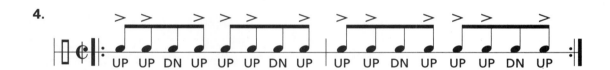

UP UP DN UP UP UP DN UP | UP UP DN UP UP UP DN UP

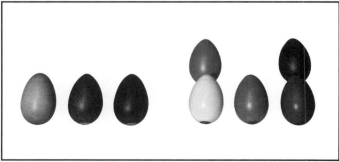

The Tambourine

The tambourine is a very common instrument found throughout the world. Just about every country in the world has adapted this instrument to their type of music. The tambourine comes in all sizes and shapes. Many are played by hand. Others are mounted. Some have calfskin heads. Some have plastic heads. Some tambourines are tuned. Others are tacked on. The jingles come in all sizes and are made of many different types of metals.

In this book we will work with only the traditional tambourine used in contemporary music, pop, gospel, rock, and the like.

The standard tambourines have an area for the placement of the hand. This instrument can be played right-handed or left-handed; it makes no difference. The main technique to learn is the rocking back and forth in order to make the jingles strike each other. While the tambourine rocks back and forth, take your opposite hand and with the heel of that hand strike the tambourine. This is how the accents are done. Play the examples in the next section.

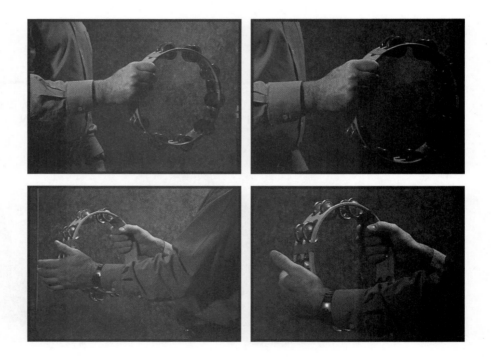

Tambourine Patterns

Tambourines are very common in all styles. The following patterns can be applied in all types of settings.

This audio track includes Examples 1–5

1.

Play with the heel of your hand.

2.

Play with the heel of your hand.

3.

Rock the tambourine back and forth.

4.

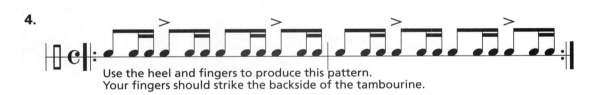

Use the heel and fingers to produce this pattern.
Your fingers should strike the backside of the tambourine.

5.

NOTE: For Pattern 5: Swing the tambourine from right to left. Accent beat 1 with the heel of your hand and beat 4 on the opposite side with your fingers.

The Caxixi

The caxixi is a handmade instrument made of straw. This instrument is primarily used in Brazil. The caxixi is found in all kinds of music. This instrument comes in many sizes and is made of different materials. It is shaped like a little basket and it is filled like a maraca with beads and small pebbles. The base of the basket is made of hard leather or plastic. This is where the beads strike and make their sound.

One way to play the caxixi is to hold the instrument in your hand almost as if holding a ball, with the leather base pointing to the floor. Move your hands as if to throw the ball. You should hear the beads strike the hard bottom of the basket. Also, you can shake the caxixi like a standard shaker. Play the hard bottom to make the hard or accented portion of your pattern.

 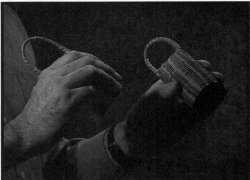

Caxixi Patterns

Many of the patterns you will play here are rhythmically the same as in the previous exercises. What becomes important in this case is the sound that you might be looking for from a particular instrument.

This audio track includes Examples 1–5

1.

2.

Shake the basket as you would a shaker and turn the basket for the accent.

3.

4.

5.

Audio CD Index

Audio CD Index (cont.)

Play-Along

The play-alongs are organized as follows:

On the the first pass of each style presented, you will hear me playing the specified instruments. The following tracks will have one of the instruments omitted so that you can play in that spot. It is not necessary for you to play exactly what I have played. Make up your own patterns similar to what I have played. This way you will begin creating your own style and patterns.

Play-Along Index

Track	Content
1	Guajira with guiro
2	Guajira no guiro
3	Guaracha with bongo and maracas
4	Guaracha no bongo
5	Guaracha no maracas
6	Merengue with guira
7	Merengue no guira
8	Salsa with bongo, hand bell, and maracas
9	Salsa no bongo
10	Salsa no handbell
11	Salsa no maracas
12	New Age funk with triangle and cabasa
13	New Age funk no triangle
14	New Age funk no cabasa
15	Funky rock with bongo and tambourine
16	Funky rock no bongo
17	Funky rock no tambourine
18	Slow greasy funk with bongo and shaker
19	Slow greasy funk no bongo

Track	Content
20	Slow greasy funk no shaker
21	Southern rock with cowbell and tambourine
22	Southern rock no cowbell
23	Southern rock no tambourine
24	Techno-funk with congas and bongo
25	Techno-funk no bongo
26	Shuffle-funk with bongo and caxixi
27	Shuffle-funk no bongo
28	Shuffle-funk no caxixi
29	Slow rock with cowbell and triangle
30	Slow rock no cowbell
31	Slow rock no triangle
32	Techno with bongo and shaker
33	Techno no bongo
34	Techno no shaker

Richie while on tour with Diana Ross

Richie at the NAMM show in Los Angeles with Wally Reyes, Jr. (L), Kevin Ricard (rear center), and Giovanni Hidalgo holding Richie's daughter Lisette Marie

Texto en español

TOQUE BONGÓS Y PERCUSIÓN MENOR AHORA PUNTOS BÁSICOS Y MÁS

POR

RICHIE GAJATE-GARCIA

PATRONES TRADICIONALES Y
CONTEMPORÁNEOS PARA BONGÓ

PATRONES PARA SHAKER, CAMPANA,
MARACAS, CABASA, TRIÁNGULO Y MAS

TEORIA BASICA Y
LECTURA DE RITMOS

PATRONES PARA
CONJUNTOS ESCOLARES

2 CDS CON EJEMPLOS AUDIBLES
Y PARA TOCAR Y SEGUIR

EJERCICIOS COMBINANDO BONGÓ,
CONGA, PERCUSIÓN Y BATERIA

Contenido Principal (Traducción)

Contenido de la sección en español

Reconocimientos y Dedicaciones

Primeramente, gracias a Nuestro Señor por las bendiciones que ha traído a mi vida y a mi familia. Este libro está dedicado a la persona que me dio la primera lección de bongó y me regaló mi primer par de bongós (los cuáles aún conservo todavía), Sr. Armando Peraza. Gracias Armando por tu inspiración y guianza a través de los años, que Dios te bendiga.

También a mi linda esposa Mary, mis tres hijos, Tristán, Roland, Devin, y mi hija recién nacida Lisette Marie: gracias por tu amor constante y por tu apoyo. Eres mi inspiración.

A mi suegra, Magda, y mi primo Toño, gracias por su constante apoyo.

A Luis Conte, "Sargento," gracias por tu inspiración musical y por tu apoyo. También por tu buen humor que me trajo momentos de mucha alegría durante los tiempos de viaje y giras. ¡Qué Dios te bendiga!

A Michito Sánchez: gracias por tu amistad, por tu intuición en cuanto a bongós, y magníficas interpretaciones del bongó. ¡Qué Dios te bendiga!

A Hector García: gracias por tu gran trabajo artístico en todas mis portadas.

A Enzo Villaparedes: gracias por tu apoyo, magníficas interpretaciones de la trompeta, y por tus contribuciones en la grabación de los ejercicios para acompañar.

A Kevin Chokan: gracias por tu tiempo en el estudio de grabación, magnífica interpretación de la guitarra, y contribución en los ejercicios para acompañar la música contemporánea.

A todo el personal de Warner Brothers Publications, especialmente a Raúl Artiles, Ray Brych, y Mike Finkelstein: ¡gracias por convertir un sueño en realidad!

A Ed Uribe: gracias por redactar mis libros. ¡Quedaron fantásticos!

A todo el grupo de LP Music, Martin Cohen, Marcia Stevenson, Alfred Bufill, Steve Nigohosian, Kim Redl, Terri Tlatelpa, gracias por su constante apoyo y ayuda en todos mis proyectos.

Y a todas las compañías que me respaldan: Sabian, Impact, Auralex, Vater, DW Drums, Grip Peddler, Rhythms, Shakerman, Remo, Gibraltar, Audix, Danmar, Presonus, and Drumstick Collection (Sweden). Por último, pero no menos, a toda mi familia en Puerto Rico y a través de los Estados Unidos.

Sobre el Autor

Richie Gajate-García es puertorriqueño nacido en Nueva York, pero criado en la isla de Puerto Rico desde la edad de siete años. Fue allí donde comenzó su amor por la música. Siempre estuvo expuesto a la música local de los pequeños conjuntos y orquestas de todo tipo, profesional y de aficionados que se encontraban en la isla. Todo esto gracias a su padre Doel R. García, el cual en un tiempo ejecutó su música en locales de la Bahía de San Francisco, y más tarde tocó con el famoso líder de orquesta Xavier Cugat durante los últimos años 40. El padre de Richie contó entre su buenos y grandes amigos a Tito Rodríguez, Tito Puente, Santitos Colón, y a muchos otros grandes músicos de Puerto Rico.

A través de los años, su afición por la percusión y los tambores de conga aumentó, y así comenzó a estudiar con maestros locales como Monchito Muñoz y Chony Porrata. Continuó sus estudios en el Colegio Springfield en Illinois bajo la tutela del Profesor Fred Greenwald, avanzando al Conservatorio de Música de Chicago donde obtuvo su título de bachillerato en Educación de Música. Desde entonces Richie ha tocado y grabado todo tipo de música, y ha participado en giras alrededor del mundo como percusionista y tamborilero en importantes eventos musicales.

Richie también ha enseñado en el Instituto de Músicos en Hollywood, California, por alrededor de diez años.

Además Richie figura como uno de los maestros de alto renombre en talleres y seminarios de música, con 450 clínicas a su crédito para Latin Percussion y Sabian Cymbals, Vater Drum Sticks, Shaker Man, DW Drums, Audix Microphones, Gibraltar, and Remo.

Richie ha creado dos videos de instrucción para LP, Adventures in Rhythm, Volumen 1 y 2 (disponible en su tienda de música local), sobre ejecución del instrumento de conga para principiantes, timbales, bongó, güiro, maracas, cencerro, e independencia múltiple.

Richie también ha completado su proyecto como solista (pedidos disponibles a través de correo electrónico a: gajate@aol.com).

También tiene dos CD con varios ejemplos y técnicas distribuidos por Beat Boy (disponible a través de www.beatboy.com).

Richie también ha colaborado en el diseño de instrumentos como el Gajate Bracket, el Salsero Ride, la Sabian Cáscara, el Sabian El Rayo, y los Multitone Mallets para Vater.

Uno de los últimos proyectos de Richie fue el de participar en la gira musical de Phil Collins, presentando la música de la película Tarzán, grabó e interpretó en vivo la música de "The Emperor's Groove" de Disney con Sting, y contribuyó a la música de fondo para la película de "El regreso de la momia."

Introducción

Este libro es para el músico de nivel principiante a intermedio, pero incluye algunas técnicas y ejercicios avanzados.

Después de viajar por el mundo ofreciendo clínicas, ejecutando con varios tipos de grupos, asistiendo a seminarios, y escuchando y compartiendo con diferentes músicos de muchas culturas, he visto como el amor por tocar tambores con las manos, en este caso la conga, se ha hecho muy popular a través de todo el mundo. Gente de todo trasfondo están encontrando y sintiendo el regocijo, alegría, y compartiendo eso que viene de tocar "la conga" y han encontrado que con un poco de técnica pueden tocar sin tener que convertirse en un profesional.

Este libro proveerá las técnicas principiantes necesarias igualmente para estudiantes y futuros profesionales. Cuán lejos llegas, depende de ti. Como con cualquier instrumento, siempre recomiendo que procures oír diferentes músicos, y también que escuches el estilo predominante de música usado por este instrumento, a fin de obtener un entendimiento del mundo en donde se halla este instrumento.

Con este libro comenzaremos a estudiar el bongó. Esto incluye posiciones mientras está sentado o parado, afinación; sonidos y patrones tradicionales y no tradicionales. También conoceremos otros instrumentos tocados por el bongocero o usados con o sin el bongó, como el güiro cubano, la güira dominicana, la clave, el cencerro, las maracas, el caxixi, el shaker, la pandereta y el triángulo.

También encontraremos una sección en la lectura sencilla de música. Creo que esto es muy importante para entender los patrones que enseñamos. Más tarde, esto abrirá un mundo de posibilidades para tus interpretaciones musicales.

Hay muchos ejercicios de práctica para acompañar, en varios estilos.

Una Historia Breve

El bongó es un instrumento compuesto por dos tambores pequeños comúnmente conocidos como el macho (tambor pequeño) y la hembra (tambor grande). Este instrumento tiene sus orígenes en Cuba (después se llevó a Puerto Rico, Santo Domingo, Sudamérica y al resto del mundo). Este fue primeramente usado en pequeños grupos de son en Cuba y en conjuntos de música jíbara popular en Puerto Rico. Estos grupos consistían de una guitarra, el tres, un cuatro, maracas o güiro, el bongó y claves. Originalmente el tambor de bongó fue hecho de tronco de árbol. De una parte del tronco se extraían ambos tambores (tensores). La capa interior sería el macho y la capa exterior sería la hembra. Cada tambor era un artículo de madera sólido. Los cueros eran apilados y calentados hasta llegar al sonido deseado. Después, un artículo para crear tensión fue adaptado para afinar los tambores.

En las orquestas de salsa, el bongó tomó el papel del instrumento llamado quinto en los grupos de rumba. Esto reforzó el movimiento rítmico acompasado, al añadirse el llamado y la respuesta entre el sonero y bongocero. A este papel también se añadió la campana para ser tocada por el bongocero. El uso de la campana ocurre durante un cambio en el arreglo musical, que lleva la intensidad de los ritmos a un nivel nuevo y más excitante.

También, hay otro estilo de interpretación de bongó que viene de Cuba. Se le llama el estilo Changüí. El grupo Changüí consiste de una marímbula (tomando el papel del bajo), un güiro o maraca, un tres, y el bongó. El bongó en este tipo de música es mas grande y profundo que el bongó que vemos hoy en día, y el afinamiento es muy parecido al de la conga pequeña. Los patrones son básicamente para solos con algunas figuras familiares, pero mayormente de mucha inspiración entre el llamado y la respuesta entre el bongocero y el vocalista.

El bongó se usa hoy en todo tipo de música: pop, rock, R&B, jazz, música clásica, por mencionar algunos. Esto se debe a la versatilidad del sonido de este instrumento cuando se afina y se toca de diferentes modos. Originalmente, este instrumento se tocaba con las manos (mas bien con los dedos). A través de los años, el bongó se ha tocado con una mano y un palillo, para mayor volumen y para tocar solo, con dos palillos. En este libro exploraremos algunas de estas técnicas.

El Estilo Changüí

Un estilo de música muy importante en el desarrollo del bongó es el Changüí, de Guantánamo, Cuba. En este tipo de música se usa el bongo como único instrumento de mano, con la adición del güiro y maraca. El tamaño del bongó es diferente al que generalmente se usa. El bongó changüí es más grande y profundo, este es afinado calentando el cuero. El sonido es mas bajo que el sonido popular del bongó de hoy en día.

El grupo changüí consiste de una marímbula (bajo Kalimba), maraca y un güiro, y para armonizar, un tres y un vocalista principal, más vocalistas de trasfondo.

En la interpretación de la música changüí, el tres desempeña un papel importante. Los ritmos y melodías que se tocan con el tres tienen su origen en África y se entrelazan con la influencia española. Ya que los patrones que se tocan con el tres consisten de segmentos con diferentes ritmos, la clave, como en el estilo del son, no juega un papel muy importante en proveer una guía de ritmo.

El patrón básico del bongó se conoce como el "picaó" (rápido y acompasado). Este patrón consiste de múltiples ritmos repetidos rápidamente, lo cual da la impresión que el intérprete está improvisando. Cuando la música llega a un punto climático, el bongocero comienza a hacer lo que se conoce como el sonido del alce (moose), lo cual es el deslizamiento del dedo sobre el tambor más grande para hacerlo "aullir". La marímbula lleva el sonido bajo rítmico y constante. Este tono o sonido bajo es el que mantiene al grupo unido. Muchas veces, al oído, el patrón de la marímbula parece llevar el tono bajo, pero no es así.

Algunos de los grupos de changüí son: Grupo Changüí y la familia Valera Miranda.

Este estilo de música ha existido por mas de cien años. En la siguiente página se encuentra una escritura musical típica de un grupo changüí, demostrando el desempeño de las partes básicas de cada instrumento.

Para Grupos Estilo Changüí

Esto se toca a medio tiempo. Hay muchas variaciones a través de una canción particular y el compás varía también. El siguiente es un ejemplo de una sección de una melodía.

El Estilo Jíbaro

En la isla de Puerto Rico encontramos el estilo jíbaro para tocar el bongó. La palabra jíbaro significa campesino, como el guajiro en Cuba. Estos grupos consisten primordialmente de un cuatro o guitarra, bongó, bajo, güiro y un vocalista. El estilo jíbaro viene de las montañas de Puerto Rico y su lírica contiene narraciones o sátira de eventos políticos y locales. El bongó que es utilizado es el de apariencia tradicional. En este estilo el cuatro establece el ritmo de la música así como en el estilo changüí. Los sonidos de bajo se tocan y se añade el bongó y el güiro. El güiro se usa de una manera diferente del güiro cubano. Las hendiduras son muy estrechas, y se usa una raspa en vez de un palito para tocar los patrones.

En la siguiente página se encuentra una escritura musical para una grupos contemporánea de estilo jíbaro demostrando las partes básicas de todos los instrumentos. Digo "contemporáneo" porque en el estilo tradicional jíbaro solo se utiliza el güiro y el cuatro (guitarra pequeña de cuatro cuerdas), sin añadir más instrumentos. Los grupos modernos han añadido el bongó y a veces la conga y el bajo.

Para Grupos Estilo Jíbaro

Esto se toca a medio tiempo. Hay muchas variaciones a través de una canción particular, y el compás varía también. El siguiente es un ejemplo de una sección de una melodía.

El Estilo Salsa

La palabra salsa significa la combinación de muchos diferentes estilos de música latina. Dentro de este género se encuentran el cha cha cha, el mambo, el bolero, la guajira, el son montuno, y otros parecidos.

En estos estilos de música usted encontrará la instrumentación utilizada en los grupos de salsa hoy en día: conga, bongó, cencerro, timbales, güiro, maracas, bajo, piano, instrumentos de viento, vocalistas, bailarines, y en muchas bandas la batería y sintetizador.

El bongocero en estos grupos normalmente toca el bongó, el cencerro, y en ciertas canciones otros instrumentos manuales de percusión. El bongocero por lo general también usa el patrón del martillo con muchas variaciones. De ahí procede a incorporar el cencerro como dicte el arreglo musical.

Para Grupos Estilo Salsa

Esto se toca a medio tiempo. Hay muchas variaciones a través de una canción particular y el compás varía también. El siguiente es un ejemplo de una sección de una melodía.

Afinación y Cueros

Antes de empezar a afinar nuestro bongó, veamos los dos tipos de cueros utilizados (figuras1, 2). Primero, tenemos el tradicional cuero de ternero. Este cuero toma tiempo para llegar a su tono ya que toma tiempo para estrecharlo. Así que, sugiero que afine el tambor macho en etapas. De esta manera evitará que el cuero se raje debido a mucha tensión aplicada muy rápidamente. Una vez que esté en posición por un tiempo, quedará fijo y cualquier afinación futura sera mucho mas fácil.

El otro cuero comúnmente usado es el cuero plástico. Este se afina mas rápidamente, la afinación queda fija, y no es afectado por el clima. La afinación en este caso no tiene que ser hecha en etapas.

Siempre y cuando hablo de afinación, reconozco de que la afinación es materia de preferencia personal. De acuerdo al estilo de música, el bongocero determinará la afinación. Para nuestros propósitos, afinaremos nuestro bongó como si fuéramos a tocar con un grupo de salsa. En este caso, el tono será bastante alto. Esto se debe al llamado y respuesta que ocurre entre el bongocero y el sonero (vocalista).

Los diferentes tonos usados por otros instrumentos (conga, timbales, etc.) crean el ritmo distintivo muy reconocido en las bandas de salsa.

Afinemos el Bongó

Ponga el bongó boca-bajo, sobre sus piernas, y utilice una llave de afinación. Empezemos con el tambor macho (pequeño). Comienze a rotar la tuerca con movimientos uniformes. Aplique el mismo número de vueltas a cada tuerca para mantener el cuero distribuido igualmente alrededor del tambor. Si este procedimiento no está hecho apropiadamente, el cuero perderá su forma y estilización. No tenga miedo de afinar el tambor. Está diseñado para aguantar mucha presión. Lo único que puede ocurrir es que el cuero se raje.

Si está usando un cuero de piel de animal, lo más probable es que tenga que revisar la afinación mas tarde porque este tipo de cuero continua estrechándose, especialmente si el clima es húmedo. Si está usando cuero plástico, éste se estrechará de manera mínima.

Después de afinar su bongó varias veces, empezará a escuchar los tonos y a reconocer los que usted prefiere.

Después de terminar su práctica, recomiendo que afloje su tambor macho (pequeño), especialmente si va a transportar su bongó a otro lugar. Si deja los tambores en el carro, la temperatura dentro de éste por lo general sube durante el verano. El cambio de temperatura puede inducir a que se raje el cuero, una sorpresa no muy bienvenida, especialmente si está a punto de tocar en un show.

Si va a guardar los tambores en su casa, no hay necesidad de aflojar el cuero, ya que la temperatura dentro de la casa probablemente permanecerá constante. En general, recomiendo aflojar el cuero ya que relajará la tensión en las tuercas, alargando la vida del tambor.

Posiciones para Tocar

Sentado

Antes de empezar a afinar los bongos, veamos como nos sentaremos y la posición del bongó. Tenga en mente que la siguiente posición es para un músico que usa la mano derecha principalmente. Si usted es zurdo, la posición es opuesta.

Es muy posible que uno (o ambos) de los tambores le incomode y probablemente las varas de tensión le molesten al colocar el bongó contra la pantorrilla de su pierna. Si es así, afloje suficientemente el tambor que causa el problema, para rotar el cuero y bajar de posición la pieza de metal sin desconectar todos los componentes. Ahora, dé vuelta al tambor de manera que al sentarse y colocarlo entre las piernas, las varas de tensión queden en el espacio detrás de la rodilla. Luego, haga lo mismo con el otro tambor.

Después de hacer esto, coloque el bongó en posición para tocar. Si se siente cómodo, proceda a la próxima sección. Si no se siente cómodo, repita el proceso anterior. Es muy importante que esta situación se resuelva antes de empezar a tocar. Estará sosteniendo el bongó por un largo tiempo y esta incomodidad le va a cansar y distraer.

De Pie

Hoy en día es muy común ver que el bongó se toque de pie. Esto se debe a que una gran cantidad de intérpretes utilizen múltiples instrumentos de percusión. Se han creado atriles especiales y otros productos para acomodar estas funciones. En cuanto a las técnicas de afinamiento, estas permanecen igual. Obviamente, sentirá la diferencia de no sostener el bongó, pero esto no restará a su interpretación. Al contrario, descubrirá nuevas ideas y patrones.

Posiciones de Mano y Dedos

Ahora que conoce la posición del bongó mientras está sentado, veamos la posición de las manos.

Ponga la mano izquierda hacia la esquina de arriba a la izquierda, con el dedo pulgar en posición cerrada (figura 1). La función de la mano izquierda será de mecerse de una manera similar a la forma de moverse o mecerse con el tambor de conga. La diferencia con el bongó es que la presión se aplica con el dedo pulgar y no con la palma de la mano. La palma de la mano cubre una gran parte del área y no deja mucho espacio para la mano derecha. Con el tiempo esta técnica será mas confortable (figura 2).

Ya que ha puesto la mano izquierda sobre el tambor macho, ponga la punta del dedo índice de la mano derecha hacia la orilla del tambor (figura 3). Esta será la posición normal para tocar el bongó. A partir de esta posición, los demás arreglos proceden. Ahora, en la misma posición, use dos (figura 4) y tres dedos (figura 5).

Esta posición será usada más adelante, dependiendo cuán fuerte y del sonido que quiera tocar.

Veamos la posición de la mano derecha sobre el tambor hembra. Cuando se toca el tambor hembra, se pega con toda la palma de la mano (figura 6), ó se usa el dedo índice de la mano derecha en su totalidad (figura 7). Recuerde que estará utilizando la punta de los dedos y de toda la palma de la mano. Es muy común alternar entre todas estas posiciones.

Teoría Básica

Nota: Los ejemplos audibles en esta sección son los mismos ejemplos presentados en CD del libro Toque Congas Ahora, libro sobre puntos básicos en la interpretación de la conga.

Estos ejemplos fueron grabados usando el tambor de conga. Se recomienda que practique con estos ejemplos en ambos tambores bongó, y en cualquier otro instrumento de percusión.

En esta sección usted comenzará a leer notas y conocer sus valores. Estará estudiando solamente el valor de las notas usadas en los ejercicios incluídos en este libro. Se sugiere que practique los ejercicios en algún libro sobre interpretación de tambor sencillo, y de ahí expandir su lectura. Leer ritmo es como aprender matemática simple, una vez que conoce cuáles son los valores, estará capacitado para llevar a cabo la función.

Antes de leer notas, observe lo siguiente: el grupo de cinco líneas horizontales donde se colocan las notas se llama pentagrama (Ejemplo 1). En el pentagrama hay encasillados, los cuáles se llaman compases (Ejemplo 2). Mientras más notas tenga un compas de tiempo en particular, más compases se añadirán para acomodar los patrones que van a tocarse.

En esta página hay tres (3) pentagramas que contenien (2) compases cada uno, los cuáles están divididos por la línea de compás. Cada pentagrama comienza con varias notaciones. Primero, el signo de la clave le dice para que instrumentos está escrita la música, como piano, bajo, tambores, saxofón, voz, etc. El piano tiene un pentagrama doble que contiene los signos de la clave de sol y de Fa (Ejemplo 2 y 3) para indicar las secciónes altas y bajas que van a tocarse en el teclado.

La percusión y muchos instrumentos usan solo un pentagrama con la señales apropiadas. La percusión puede usar el signo de clave de percusión (Ex.4). Es también muy común ver la clave de Fa usada para percusión, como también para otros instrumentos. La selección de la clave depende de que la percusión tenga, o no tenga, tono.

Otras indicaciones son: signos de compás y armadura de clave en que se toca un instrumento melódico (suave, mediano, fuerte), y que serán requisitos para una pieza en particular (Ex. 5).

Los signos de tiempo 4/4, 5/8, ó 7/8 indican dos cosas: 1. El número de arriba indica cuantos tiempos en un compás. 2. El número de abajo indica que tipo de nota tendrá uno de los tiempos. En 4/4 el número de arriba indica cuatro tiempos en cada compás. El número de abajo indica que las notas negras reciben un tiempo cada una., "1,2,3,4". En 5/8 el número de arriba indica cinco tiempos en cada compás. El número de abajo indica que las notas de una octava reciben un tiempo cada una, "1,2,3,4,5". En 7/8 el número de arriba indica 7 tiempos en cada compás. El número de abajo indica que las notas de una octava recibe un tiempo, "1.2.3.4.5.6.7".

En la música latina es muy común ver música escrita en 4/4 (a menudo abreviada con el símbolo C, Ex. 6), pero tocada en los que se conoce como tiempo cortado (a menudo abreviado con el símbolo ¢, Ex. 7). Tiempo cortado indica que el conteo será el doble de rápido y que el pulso de la música es "en dos" en vez de "en cuatro."

Ejemplo 6: Abreviación para compás 4/4

Ejemplo 7: Abreviación para compás 2/2

Hay también dos líneas de doble compás con dos puntos (llamados signos de repetición), los cuáles indican que el material contenido dentro de ellos, debe repetirse—sea una vez o un número específico de veces si se indica (Ex. 6).

Note por favor, que la marca siguiente, ▽, arriba de una nota indica donde usted cuenta (y a veces siente) el compás. Por ejemplo, Ex. 6 es en tiempo común 4/4, lo cual significa que las nota negra marca un compás; he aquí que hay cuatro marcas sobre las cuatro notas negras.

Valores de Notas y Silencios

Los siguientes son los grupos de notas y silencios con los cuáles estará trabajando en los ejercicios a continuación y que encontrará muy a menudo leyendo partes y ritmos para los tambores de conga.

1 Notas negras y silencios
2 Corcheas y silencios
3 Semi-corchea y silencios
4 Corchea y dos semi-corcheas
5 Dos semi-corcheas y una corchea
6 Corchea con puntillo y una semi-corchea
7 Tresillo de corchea

Ejercicios Básicos de Lectura

Los siguientes son algunos ejercicios básicos de lectura. Practique cada ejercicio despacio al principio y gradualmente aumente el ritmo al ganar más facilidad. Use un metrónomo con un tiempo de ♩ = 60 para comenzar.

Nota: Haga todos los ejercicios **con el tono abierto y alternando los golpes D-I-D-I (Derecha, Izquierda).** (Una vez que tenga esto bajo control, puede hacer los mismos ejercicios usando los otros tonos y tipos de golpes.)

1. Notas negras y silencios
2. Corcheas y silencios
3. Silencios de notas negras y corcheas, y notas corcheas
4. Semi-corcheas y silencios

Nota: Un silencio de nota negra = un silencio de dos (2) corcheas

5. Combinación de una corchea y dos semi-corcheas.
6. Combinación de dos (2) semi-corcheas y una corchea.
7. Combinación de una corchea con puntillo y una semi-corchea y silencios.
8. Tresillos
9. Combinando notas negras, corcheas, semi-corcheas, y silencios.
10. Combinando notas negras, corcheas, semi-corcheas, con la combinación decorcheas y dos semi-corcheas.
11. Añadiendo la combinación de dos semi-corcheas y una corchea.
12. Añadiendo la combinación de corchea con puntillo y semi-corchea.
13. Añadiendo tresillos y silencios de tresillos
14. Signos de tiempo 6/8 con varias combinaciones de notas.
15. Signos de tiempo 5/8 con varias combinaciones de notas.
16. Signos de tiempo 7/8 con varias combinaciones de notas.

¡Toquemos Bongós Ahora!

Clave de Notación

La siguiente es la clave que sera usada a través del libro cuando esté indicando los sonidos y posiciones de las manos en el bongó. Algunas veces se encontrará números indicando un dedo en específico. Esto es para lograr sonidos especiales en un patrón particular.

Debe notarse que la técnica está escrita para una persona derecha. Si usted es zurdo, invierta la técnica.

I= dedo índice (I ó D)

M= sonido de martillo – d con un > (marca de acento) sobre la nota. Nota: Toque con el dedo índice derecho. Este sonido tiene una marca de acento sobre la nota, indicando que esta nota tiene que ser tocada más fuerte (más alta y con más énfasis) que las otras.

T= Dedo pulgar – I

F= Todos los dedos – D ó I

O= Tono abierto D ó I

S= Golpeando (slap) D ó I

La clave de notación para todos los demás instrumentos manuales de percusión aparecerán antes de la introducción de cada instrumento.

Desarrollo del Sonido

En esta sección comenzaremos a trabajar en el desarrollo del sonido. Recuerde de no sobreenfatizar la acción, el volumen aumentará gradualmente a medida que usted desarrolle sus manos.

Sonido Martillo

Si cierra los ojos y toca este sonido apropiadamente, debe sonar como martillar un clavo. Es por eso que este sonido se le llama martillo. Así cuando está tocando el patrón de martillo, usted está "martillando" a compás del ritmo.

El Martillo y Sonido de Pulgar y Dedos

Practique el patrón de martillo con un dedo primero, luego con dos, luego con tres.

Comienze con el pulgar para empezar el ejercicio que sigue.

El siguiente es el patrón de martillo. Habrá más detalles sobre este patrón más adelante en este libro.

El Tono Abierto

En estos ejercicios usaremos alternativamente ambos patrones, derecha e izquierda. En esta ocasión cuando le pegue al tambor, retire la mano para escuchar el tono abierto del tambor.

Practique estos ejercicios en ambos tambores macho (pequeño) y hembra (grande).

Después de hacer estos ejercicios, repítalos. Esta vez, mezcle los ritmos, por ejemplo, toque el ejercicio número uno, luego el número tres, luego el cinco, después el dos. Será como una interpretación de solo en tono abierto. Continúe mezclando hasta tocar todos los ejercicios y se sienta cómodo con cada ejercicio.

El Golpe Seco o Tapao

Ahora veamos el golpe. Para poder localizar donde golpear, ponga su mano izquierda hacia el borde más cercano del tambor y luego ponga la mano derecha sobre la mano izquierda. Retire la mano izquierda (figuras 1, 2, 3). Esto debe darle la localización aproximada donde estará ejecutando sus golpes. Para el golpe de mano izquierda, invierta el proceso (figuras 4, 5, 6) Ya que la afinación del tambor macho es bastante alta, usted no tendrá que dejar la mano izquierda en el tambor para ayudarle a apagar el cuero como lo hacía con la conga.

Combinando el Pulgar, los dedos y el Martillo

En esta sección combinaremos el movimiento del pulgar y los otros dedos, y el ritmo de martillo. Toque cada ejercicio despacio hasta que cada movimiento sea suave y cada sonido, especialmente el ritmo de martillo no se pueda oír claramente. El propósito de estos ejercicios es ayudarle a desarrollar el uso de estos movimientos y sonidos en cualquier tipo de secuencia rítmica. Haga el ejercicio más rápido a medida que se sienta más confortable con ellos.

Combinando el Ritmo de Martillo, los Tonos Abiertos, el Pulgar y los dedos.

Como hicimos en los ejercicios previos, toque estos ejercicios despacio hasta que la ejecución sea pareja, luego, acelere hasta que se sienta confortable con ellos.

El Patrón de Martillo

El Martillo es un patrón básico que se utiliza al tocar el bongó. Todas la variaciones que se ejecutan al tocar música estilo salsa son creadas utilizando el patrón de martillo como punto de partida. En la música típica latina este patrón usa como base el instrumento de la clave. En música pop, rock, y otros estilos los patrones son creados para que cuadren con la música y el estilo que han de tocar. En este caso, el ritmo de martillo no tiene que ser necesariamente la base de sus patrones.

> **Patron básico**
> **Variación 1**
> **Variación 2**
> **Variación 3**

Pop, R&B, Funk, Rock, Jazz y Patrones para Grupos Musicales de Escuela Secundaria (High School Band)

Los siguientes patrones pueden usarse para toda situación musical. Una vez que haya aprendido estos patrones básicos, busque una variedad de grabaciones de música popular en las cuáles pueda aplicar estas combinaciones.

> **1. Pop**
> **2. R&B**
> **3. Funk**

Los patrones siguientes pueden usarse también en una banda de escuela secundaria. Debe de notarse que cualquiera de los patrones sobre los instrumentos de percusión enseñados en este libro, pueden usarse también en este arreglo. Todo depende del estilo de música que se esté tocando.

> **4. Swing**
> **5. Rock**
> **6. Shuffle**

Recuerde que estos patrones solamente son algunos de los muchos que pueden crearse para acomodarse a una dada posición musical. Los patrones de clave y los patrones tradicionales usados en estilos tradicionales no son necesarios en estos estilos.

El Cencerro
El Compañero Del Bongocero

Todos los bongoceros que tocan música de salsa, aprenden a tocar este importante instrumento. Los patrones de cencerro son muy importantes para todos los ritmos tocados en el estilo de salsa. Los patrones se convierten en la fuerza pujante en el coro, el mambo y las secciones de solos de una canción en particular. La sección de ritmo (o para el mismo efecto, la banda completa) se percatan bien del pulso que dicta el cencerro. La mayoría de los músicos se encierran en los patrones del cencerro con el fin de mantener su lugar y tiempo.

El cencerro es una campana larga que viene con varios sonidos y no se le hace montaje. Algunas campanas son de tono agudo y otras de tono bajo, ningún sonido específico es requerido o standard, ya que cada campana tiene un sonido propio y viene a ser el sonido preferido del músico.

Veamos como se sostiene la campana. Usted notará que el pulgar está descansando abajo del tope del lado inferior de la campana (Figura 1). Debe de cuidarse no golpear el pulgar con el golpeador del cencerro, ya que éste es bastante grande y puede lastimar. Después de un tiempo, usted hallará el mejor lugar donde pegar y el tocar el cencerro sera rutinario.

Cuando comience a tocar los patrones del cencerro, notará que algunos de los sonidos son abiertos y otros son apagados. Esto se consigue presionando la mano contra el metal en el lado bajo del cencerro, mientras golpea en la parte superior de la campana (Figura 2).

Los golpes en la parte superior se dan en diferentes partes del cencerro. Estos serán discutidos brevemente más adelante. Esta técnica ayudará a los patrones a tener el ritmo y el movimiento que se siente cuando se toca el cencerro.

Tocar el cencerro es un placer, es divertido. Este produce un sonido bien poderoso, que se escucha definidamente en todo tipo de música de salsa. En pop o música contemporánea el cencerro se convierte en una fuente de sonido en vez de una parte crucial de una canción específica. Los patrones son creados para ajustarse a una pieza musical en particular.

Vamos a darle un vistazo a los sonidos tradicionales que se tocan en el cencerro.

El tono abierto: Se escribe con una O. Este es el sonido abierto tocado en la boca del cencerro. (Figura 1).

Los tonos de cuello: Se tocan en el cuello del cencerro. (Figura 2).

El tono tapado de cuello: Se escribe con una M. Este tono es hecho presionando la mano contra el metal en el lado opuesto del cencerro (Figura 3).

a: Notado con una M. Este sonido se toca soltando la mano del metal en el lado opuesto del cencerro. (Figuras 1, 2, 3).

Patrones y Ejercicios del Cencerro

1. O = Tono Abierto, en la boca del cencerro.
2. N = Tono Abierto, en el cuello del cencerro.
3. M= Tono Apagado en el cuello del cencerro.

Combinando los Tonos Abiertos, del Cuello y Apagados

Estos patrones le ayudaran a desarrollar los patrones del cencerro.

Patrones Tradicionales del Cencerro

Estos patrones son muy comunes y deben ser memorizados con la clave apropiada. Para invertir la clave, comience el patrón en el segundo compás.

1. **(clave 2-3) Patrón de estilo tradicional tocado en la mayoría de las tonadas de salsa.**
2. **(clave 2-3) Patrón "a caballo" (Patrón, galope de caballo)**
3. **(clave 2-3) Patrón cascara, tocado algunas veces durante solo de timbal u otro instrumento.**
4. **(clave 2-3) Patrón cáscara partida; algunas veces tocado para solos.**
5. **(clave 2-3) Patrón, clave de rumba para conga de comparsa.**

Patrones: Pop, Rock y Funk

Estos patrones son todos originales y no tienen nombres específicos. Ellos pueden trabajar con casi cualquier estilo de música contemporánea. Practíquelos con cualquier CD de música pop que tenga. Escuche y pruébelos todos para ver cual trabaja mejor en una canción particular.

Las Maracas

Las maracas son instrumentos ampliamente usados a través del mundo. Se agitan con las manos y vienen en todos tamaños y formas. Se usan en toda clase de escenarios, desde la música clásica a la religiosa, música pop (ligera), rock, música africana, latina y muchos otros estilos de música.

Las maracas se hacian originalmente con cascarones de coco y calabaza, envases plásticos pequeños, piel o en fin, cualquier cosa que retuviera cuentas o piedrecitas, granos, arroz, etc. Esta variación en materiales le da a las maracas una muy amplia variedad de sonidos y alcance.

Muchos países han adoptado una maraca de cierto sonido y apariencia que trabaja mejor en su estilo particular de música. Por ejemplo, Venezuela y Colombia tienen su "maraca llanera" o maracas de música folklórica. Cuba y Puerto Rico tienen sus maracas para salsa. Además de esto, tienen también las maracas que son usadas en los trios y cuartetos de guitarra y voces.

Usted notará que las maracas se usan en ciertas áreas básicas. El sonido variará de instrumento a instrumento.

Las maracas proveen movimiento en una pieza de música en particular. La técnica varía de estilo en estilo y de país a país. Este instrumento puede convertirse en muy especializado y artístico en su ejecución.

En este libro cubriremos las técnicas básicas y patrones comunes usados hoy día en los estilos orientados a la salsa y al pop en la ejecución de las maracas.

Sosteniendo las Maracas

Primero, tome las maracas por los mangos y sienta el peso de las cuentas o semillas moviendo sus muñecas para arriba y para abajo. Usted notará que habrá un tono alto y bajo. Si usted es derecho, ponga el tono más alto en su mano derecha y el tono bajo en su mano izquierda. Esto se hace para colocar el tono alto en la mano líder. La mano derecha estará tocando los compases hacia abajo (downbeat) y la mano izquierda compases para arriba (upbeat).

Cuando usted mueve las muñecas de arriba a abajo, debe tratar de sentir las cuentas golpeando el interior de la maraca, a fin de poder crear un sonido de golpecitos o staccato (agudo). Al lograr esto le será posible tener un sonido claro y definido del patrón particular que esta tocando.

Ahora, vaya a los patrones escritos y toque el ejercicio #1. Notará que está tocando D I D I (derecha, izquierda, derecha, izquierda). Toque el patrón y trate de oír el sonido individual de cada maraca (Ejemplo CD).

Notará que aún no hay un ritmo definido. Esto vendrá según la forma en que mueva las manos, las muñecas y los brazos.

Tome la mano izquierda y déjela en el centro del cuerpo a la altura del ombligo o la cintura. Coloque la mano derecha sobre la mano izquierda hacia la izquierda de su maraca izquierda (ejemplo). A la vez que hace este movimiento, mueva la muñeca y haga el sonido de la maraca. Sígalo con la mano, moviendo la muñeca y sonando la maraca. Una vez más mueva la mano derecha hacia la derecha de la maraca izquierda, que está estacionaria hacia el centro. Haga un sonido y sígalo con su izquierda. Repita y repita esto. Con el tiempo notará que un ritmo definido comenzará a suceder.

Este es solo un punto inicial. Mientras más confortable se siente, más fácil fluirán los patrones. Para hacer los giros (rolls) con una mano, tendrá que mover sus muñecas rápidamente dentro de este movimiento y patrón.

Para Tocar las Maracas

1. **Estilo salsa, rápido. Asegúrese de que oye los acentos claramente.**
2. **Estilo guaracha, mediano. Para tocar la parte de la mano izquierda, agite la mano izquierda rápidamente y termine el con el acento de la mano derecha.**
3. **Estilo bolero, despacio. Los puntos sobre las notas semi-corcheas (sixteenth notes) se tocan con un movimiento rápido a tiempo.**
4. **Estilo son montuno, despacio. Los puntos sobre las notas semi-corcheas se tocan con un movimiento rápido a tiempo.**
5. **Estilo 6/8, de mediano a rápido.**

El Güiro (Güira, Güicharo, Guayo, Rayo)

Estos son nombres que han sido dados a los diferentes tipos de güiros a través de los años. Estoy seguro de que existirán más nombres. En América Latina muchas veces los instrumentos toman nombres a causa de su forma, sonido, y por el material de que son hechos. En este capítulo estaremos discutiendo los güiros comunes que se usan en varias culturas. Todos estos güiros tienen el rayado o estrías que se hallan comúnmente.

El primer güiro del que vamos a hablar es el güiro afro-cubano. Este güiro es tradicionalmente hecho de un calabazo, y es un instrumento frágil. Este güiro es usado en música tradicional cubana como el danzón, el cha cha cha, la guajira, la charanga y otros. Las estrías son un tanto anchas y un poco separadas. Este tipo de güiro se toca con una varita delgada y pequeña. Hoy día, encontramos algunos güiros hechos de plástico con una varita plástica para ser usada como raspador.

Otro tipo de güiro hecho también de calabazo, es un güiro usado comúnmente en Puerto Rico. Este güiro es más pequeño en tamaño que el güiro cubano. Las estrías son muy estrechas y más cercanas unas a las otras. En lugar de una varita, tambien se usa un raspador de alambre para hacer el sonido. Este güiro se usa en música tradicional de Puerto Rico, tales como la plena, la danza, la bomba, el jíbaro y otras.

También encontramos la güira, que viene de la República Dominicana o Santo Domingo. Este es un instrumento de metal, y en vez de estrías, el metal tiene forma cilíndrica con cientos de pequeñas indentaciones redondas (ejemplo). Esta güira en particular ha venido a ser muy especializada y es algo asombroso lo que han podido hacer algunos de estos músicos.

Este tipo de güira usa también un raspador de alambre similar al raspador de Puerto Rico, y es usado primariamente para el ritmo del merengue.

Como siempre digo en mis clínicas y libros, una vez que usted haya aprendido los patrones básicos que son tocados con estos instrumentos, haga el suyo propio y pruébelos en diferentes estilos de música, pop, rock, funk, etc.

Sosteniendo el Güiro

Los güiros que hemos discutido se sostienen de maneras diferentes, dependiendo de cual esté tocando. Por ejemplo, el güiro cubano tiene dos hoyos y algunas veces tres. En el lado opuesto a las estrías, tome el dedo pulgar y el dedo del medio y colóquelos en los hoyos. Si usted tiene tres hoyos en el güiro, coloque el dedo índice en el hoyo del centro. A algunos músicos les gusta sostener todo el güiro en la mano.

Acuérdese que estoy demostrando como sostendría el instrumento un músico derecho. Si usted es zurdo, sólo invierta la posición. La vara de raspar se sostiene con la mano opuesta con el dedo índice alrededor de la varita, como lo haría usted sosteniendo un palillo regular de tambor o timbales.

El **güiro de Puerto Rico** tiene dos hoyos, igual que el cubano. La diferencia en este caso es la localización de los mismos (ejemplos). Para este tipo de güiro, coloque el dedo índice en el primer hoyo y ponga su dedo del medio en el otro hoyo.

Igual que con el **güiro de Cuba**, algunas veces los músicos prefieren sostener todo el güiro en la mano.

Otra manera de sostener este güiro particular es colocando el dedo pulgar en un hueco y recostando el resto del güiro en la palma de la mano. Los músicos clásicos y los músicos folklóricos muchas veces tocarán el güiro en esta manera.

El raspador se sostiene parcialmente en la palma de la mano. Tome la parte de madera del raspador con los dedos alrededor de la orilla de la madera dejando expuestos los alambres.

El **güiro dominicano** tiene una manija ó agarradera pegada en la parte trasera del instrumento. Aquí todo lo que usted tiene que hacer es agarrar la manija firmemente (ejemplo). El raspador también se sostiene igual que el raspador puertorriqueño. Debe de notarse que los músicos siempre tienen su propia manera de sostener sus instrumentos. Esto se debe al hecho de que la mayoría de estos músicos han aprendido por sí mismos, y no han sido instruídos formalmente en el instrumento.

Una cosa que recordar es que los patrones son tocados en combinaciones de hacia arriba y hacia abajo.

Toquemos el Güiro

Los patrones que vamos a aprender en el güiro son intercambiables entre todos los tipos de güiro aquí discutidos. Algunos de los patrones se crearon para tocar con un güiro específico. En este caso es la güira dominicana. Esto se debe a la naturaleza y tiempos rápidos en los cuáles se usa este instrumento. Sin embargo, los patrones standard trabajan en cualquiera de los instrumentos. Lo que viene a ser de importancia aquí es el sonido que el músico está buscando añadir a su música.

Patrones Del Güiro

Todos estos patrones son ampliamente usados y deben ser algo secundario y parte de su vocabulario de percusión.

1. **Cha Cha Cha: mediano**
2. **Charanga: rápido**
3. **Danzón: despacio**
4. **Patron catá para rumba—yambú, guaguancó y otros parecidos: de mediano a rápido**
5. **Merengue: rápido a muy rápido.**

La Güira

Todos estos patrones son ampliamente usados en el estilo merengue. Primero, apréndase uno bien y luego comience a añadir los otros patrones como variaciones. A medida que se sienta más confortable haga sus propias combinaciones.

La Clave

La clave son dos pedazos de madera que cuando al pegarse producen un sonido alto y agudo. La longitud de la madera variará entre 6 y 10 pulgadas, algunas veces son más pequeños o más largos que lo mencionado. La música afrocubana, o del mismo modo, la mayoría de la música del Caribe, se basa en el patrón de la clave.

En las claves, se toca un patrón específico, que viene a ser la directriz o pauta para los miembros de la banda, en particular, la sección del ritmo, la conga, el timbal, el bongo, el piano y el bajo. El patrón tocado en la clave indicará la forma o dirección de una pieza particular, haciendo que cada instrumento se junte como parte de un rompecabeza. En otros tipos de música, clásica, pop, rock, etc., la clave viene a ser un sonido tocado en cualquier forma rítmica. En esta sección miraremos patrones tocados en ambas formas.

Sosteniendo la Clave

Al sostener la clave, cierre la mano izquierda (como en el ejemplo). Coloque los dedos al costado de la clave, dejando algún espacio a fin de crear una cámara de sonido. Con la otra clave, golpee en el centro a la clave en la mano izquierda. De vueltas a la clave que está en su mano izquierda hasta que halle el tono alto deseado.

Patrones de Clave Tradicionales y No Tradicionales.

1. 3-2 Clave de son.
2. 2-3 Clave de son.
3. 3-2 Clave de rumba.
4. 2-3 Clave de rumba.
5. Clave de 6/8
6. Para usar en estilos de rumbas.
7. Patrones originales para usar en música contemporánea.
8. Otro patron original para usar en música contemporánea.

Otros instrumentos manuales de percusión latinoamericana

El mundo de la percusión es un vasto arreglo de toda clase instrumentos y sonidos. Esto responde a la gran cantidad de equipo de percusión que obtienen todos los percusionistas. Uno de cada sonido no es suficiente. Se espera que los percusionistas produzcan una amplia variedad de sonidos, colores y ritmos.

Cuando se está ejecutando y especialmente cuando se está grabando, el percusionista tiene que estar capacitado para escuchar que sonido trabaja mejor en determinada canción, y producir el instrumento y la ejecución que rinde el sonido, ritmo y color neceario.

Con experiencia, el percusionista aprende que un instrumento que puede trabajar bien en cierto escenario, por ejemplo, en actuación en vivo, puede que no trabaje bien en una sesión de grabación. Similarmente, un instrumento que trabaja bien en una canción puede que no trabaje en otra, aún a pesar de que las canciones sean similares en estilo. Por lo tanto, lo más variado que sea su arsenal de instrumentos y su repertorio rítmico, mejor para usted.

Igual que con cualquier instrumento, todos los instrumentos sostenidos con las manos, tienen una técnica específica que tiene que ser desarrollarse a fin de obtener el sonido correcto del instrumento.

La Cabasa

La cabasa es un instrumento hecho de una planta de calabaza y está cubierta con una malla de cuentas. El calabazo tiene forma casi de globo con una manija. Cuando el calabazo es girado de arriba a abajo, se producirá un sonido como de silbido.

Este instrumento viene en muchos tamaños y también su construcción se ha modernizado. También, la cabasa viene de África y se usa ampliamente a través de todo el mundo, especialmente en Brazil. En este país (USA), la cabasa ha tomado muchas formas y tamaños y se usa en toda clase de escenarios musicales.

Sosteniendo la Cabasa

Para sostener la cabasa, ponga la cabeza ó porción larga del calabazo en la mano izquierda con las cuentas descansando en la palma de la mano. Agarre la porción de la manija y voltéela como si estuviera abriendo una puerta. Haga este movimiento hacia delante y hacia atrás. Las cuentas deben de ser sostenidas firmemente, permitiendo al calabazo rotar dentro de la malla.

Cabasas Modernas

Más abajo figuran diferentes versiones de cabasas de hoy en día. Practique todos los ejercicios presentados arriba con estos instrumentos también.

El Triángulo

El triángulo es una vara de metal que ha sido moldeada en forma de triángulo. Este instrumento viene en diferentes formas y tamaños, y está hecho de diferentes tipos de metales. También es usado en diferentes estilos de música, cómo el clásico, pop, Brasilero, etc. El triángulo, al ser tocado con una varita de metal, produce un sonido similar al de una campanita, el cual puede ser distinguido fácilmente en todos los tipos de música.

Sosteniendo el Triángulo

El triángulo queda suspendido ya sea por un cordón, o es sostenido por un sujetador de metal o con la mano como se demuestra en las siguientes fotos.

Cuando se sujeta con la mano, sostenga uno de los lados y use su dedo índice como punto de balance. Al abrir y cerrar su mano, usted podrá controlar el sonido del triángulo y así crear y tocar sus patrones.

Patrones Tradicionales y No Tradicionales

Los siguientes patrones son muy comunes y pueden usarse en varios estilos de música. Después de dominar estos ejercicios, utilice su imaginación para crear sus propios patrones originales.

D = Apague el sonido   O = Permita el sonido

Los ejemplos siguientes se tocan despacio al principio en un tiempo 4/4, y después se tocan más rápido en ¢ tiempo 2/2.

El "Shaker"

El "Shaker" es un instrumento con forma de tubo, lleno de diferentes elementos como arroz, frijoles, bolitas de metal, semillas, y muchos otros que pueden producir diferentes sonidos. Algunos de estos sonidos son suaves, otros son medianos y fuertes.

El "shaker" viene en todo tipo de tamaños y formas, y es uno de los instrumentos de más común usanza entre los músicos percusionistas. El shaker se usa en gran manera en Brasil.

Sosteniendo el "Shaker"

Coloque el shaker en cualquiera de las manos en posición horizontal (vea ejemplo). Comienze a mover la muñeca hacia adelante y hacia atrás. Se debe escuchar los elementos moviéndose dentro del instrumento. Después de ejecutar este movimiento por unos momentos, incluya movimientos del brazo para controlar el patrón y la exactitud del ritmo. Esto mejorará con el tiempo. Cada nota del movimiento debe ser escuchada claramente (ejemplo). Cuando se añaden acentos al patrón se producirá una sensación de movimiento.

Patrones Tradicionales y No Tradicionales

Los siguientes patrones se tocan con corcheas. Lo que distingue un patrón del otro es la posición de los acentos.

Los siguientes ejemplos se tocan despacio al principio en un tiempo 4/4, y después se tocan más rápidamente en ¢ tiempo 2/2.

La Pandereta

La pandereta es un instrumento utilizado alrededor del mundo. Casi cada país del mundo ha adaptado este instrumento a su estilo de música particular. Viene en toda clase de tamaños y formas. Muchos se tocan con la mano, otros son puestos en algún tipo de montura, otros tienen cueros de animal, y algunos tienen marcos de plástico. Algunas panderetas necesitan afinación. Otros están sujetos con tachuelas. Las chapas o cascabeles vienen en todos tamaños y formas, y son hechas de diferentes metales.

En este libro trabajaremos con la pandereta tradicional usada en música contemporánea, pop, gospel (religiosa), rock y otros.

La pandereta común tiene una área para colocar la mano. Este instrumento puede tocarse con la mano derecha o la izquierda; no hay diferencia. La técnica principal es la de mover hacia atrás y hacia adelante para que la chapas o cascabeles se peguen entre sí y produzcan el sonido. Mientras mueve la pandereta de esta manera, péguele con la otra mano, usando la parte baja, anterior a la muñeca. Es así como se crean los acentos. Toque los ejemplos en la próxima sección.

Patrones para la Pandereta

Las panderetas son muy comunes en todos los estilos. Los siguientes patrones pueden ser adaptados a varios estilos.

Esta pista incluye ejemplos 1-5

Nota: Con el patrón 5: Mueva la pandereta de izquierda a derecha. Acentúe el ritmo número 1 con la parte baja de la palma de la mano, y el ritmo número 4 en el lado opuesto con los dedos.

El Caxixi

El caxixi es un instrumento de paja hecho a mano. Este instrumento se usa primordialmente en Brasil. El caxixi puede encontrar en casi todo tipo de música. Viene en toda clase de tamaños y formas, y se hacen de diferentes materiales. Tiene forma de una pequeña canasta, llena como una maraca, con bolitas ó piedritas. En la parte inferior se encuentra una base de cuero duro o plástico. Es allí donde golpean los pequeños elementos que producen el sonido.

Para tocar el caxixi, sostenga el instrumento en la mano como si estuviera sosteniendo una pelota con la base de cuero en dirección al piso. Mueva la mano, como si fuera a lanzar una pelota. Debe de escuchar los elementos golpeando la superficie de cuero de la canastita. El ejemplo previo es una de las maneras de tocar el caxixi. También puede tocar el caxixi como el "shaker" común. Al tocar, use la parte de cuero duro para acentuar el patrón.

Patrones para el Caxixi

Muchos de los patrones que tocará en esta sección son muy similares a los patrones en ejercicios previos. Lo que es importante es el sonido particular que esta buscando en un instrumento en particular.

Esta pista incluye ejemplos 1-5.

Indice de Ejemplos de Audio CD

Indice de Pistas para Tocar y Seguir a la par del CD

Estos ejercicios están organizados de la siguiente manera: En la primera parte me escuchará tocando los instrumentos específicos. En las siguientes pistas se omitirá uno de los instrumentos para que usted pueda integrarse y tocar ese instrumento. No es necesario que toque exactamente lo que he tocado. Cree y construya sus propios patrones, similares a los que yo he tocado. De esta manera comenzará a crear su propio estilo y sus propios patrones.

Indice para tocar y seguir

Pista	Contenido
1	Guajira con güiro
2	Guajira sin güiro
3	Guaracha con bongó y maracas
4	Guaracha sin bongó
5	Guaracha sin maracas
6	Merengue con güira
7	Merengue sin güira
8	Salsa con bongó, cencerro, y maracas
9	Salsa sin bongó
10	Salsa sin cencerro
11	Salsa sin maracas
12	Nueva Era estilo funk con triángulo y cabasa
13	Nueva Era estilo funk sin triángulo
14	Nueva Era estilo funk sin cabasa
15	Rock estilo funk con bongó y pandereta
16	Rock estilo funk sin bongó
17	Rock estilo funk sin pandereta
18	Variación de funk con bongó y "shaker"
19	Variación de funk sin bongó

Pista	Contenido
20	Variación de funk sin shaker
21	Rock sureño con cencerro y pandereta
22	Rock sureño sin cencerro
23	Rock sureño sin pandereta
24	Funk estilo techno con congas y bongó
25	Funk estilo techno sin bongó
26	Funk estilo shuffle con bongó y caxixi
27	Funk estilo shuffle sin bongó
28	Funk estilo shuffle sin caxixi
29	Rock lento con cencerro y triángulo
30	Rock lento sin cencerro
31	Rock lento sin triángulo
32	Techno con bongó shaker
33	Techno sin bongó
34	Techno sin shaker

LATIN BOOKS/CDs from Alfred Publishing

Afro-Cuban Rhythms for Drumset
by Frank Malabe and Bob Weiner
(MMBK0001CD)

Practical Applications: Afro-Caribbean Rhythms for the Drum Set
by Chuck Silverman
(0633B)

Brazilian Rhythms for Drumset
by Duduka Da Fonseca and Bob Weiner
(MMBK0009CD)

Changuito: A Master's Approach to Timbales
by Jose Luis Quintana "Changuito" written in collaboration with Chuck Silverman
(0111B)

Conversations in Clave
The Ultimate Technical Study of Four-Way Independence in Afro-Cuban Rhythms
by Horacio "El Negro" Hernandez
(0444B)

The Essence of Afro-Cuban Percussion & Drum Set
by Ed Uribe
(PERC9620CD)

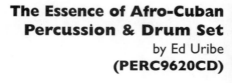

The Essence of Brazilian Percussion & Drum Set
by Ed Uribe
(EL03920CD)

Funkifying the Clave: Afro-Cuban Grooves for Bass and Drums
by Lincoln Goines and Robby Ameen
(MMBK0004CD)

How to Play Latin American Rhythm Instruments
by Humberto Morales and Henry Adler
(HAB00010A)

CD not available

Play Congas Now!
Basics & Beyond
by Richie Gajate-Garcia
(0434B)

Tiempo
by David Garibaldi, Michael Spiro and Jesus Diaz
(0519B)

TimbaFunk
by David Garibaldi, Michael Spiro and Jesus Diaz
(0117B)